발음부터 회화를 입에 착! HSK 시험까지 한 번에 착!

착! 붙는
중국어
독학 첫걸음
Workbook

편저 **중국어공부기술연구소**

시사중국어사

착! 붙는 중국어
독학 첫걸음
Workbook

초판발행	2020년 2월 20일
개정판 1쇄	2024년 4월 10일
편저	중국어공부기술연구소
책임 편집	최미진, 연윤영, 엄수연, 高霞
펴낸이	엄태상
디자인	권진희, 진지화
일러스트	표지: eteecy
조판	이서영
콘텐츠 제작	김선웅, 장형진
마케팅본부	이승욱, 왕성석, 노원준, 조성민, 이선민
경영기획	조성근, 최성훈, 김다미, 최수진, 오희연
물류	정종진, 윤덕현, 신승진, 구윤주
펴낸곳	시사중국어사(시사북스)
주소	서울시 종로구 자하문로 300 시사빌딩
주문 및 문의	1588-1582
팩스	0502-989-9592
홈페이지	http://www.sisabooks.com
이메일	book_chinese@sisadream.com
등록일자	1988년 2월 12일
등록번호	제300 - 2014 - 89호

ISBN 979-11-5720-253-9 13720

(머리말)

외국어 학습의 기본은 바로 '읽고 말하고 듣고 쓰는 것'이라는 말 많이 들어보셨지요? 좋은 외국어 문장을 많이 접하는 것도 중요하지만, 그저 이것저것 눈으로 보기만 할 뿐 별다른 학습 없이 그냥 넘어간다면 자신의 실력으로 만들기 어려울 것입니다.

외국어를 학습함에 있어 좋은 문장을 많이 접하는 것은 물론이고 그 문장을 많이 읽고 (多读) 많이 말하고(多说) 많이 듣고(多听) 많이 쓰는(多写) 것이야 말로 외국어 학습의 정도(正道)라고 할 수 있습니다. 외국어 학습에 첩경(捷径)은 없습니다. 노력한 만큼 내 머리에, 내 입에, 내 귀에, 내 손에 남는다는 것, 꼭 염두에 두고 본 책으로 열심히 복습하여 중국어 실력을 마음껏 키워 보세요!

본 책은 〈착! 붙는 중국어 독학 첫걸음〉의 보조교재로 기획되었습니다. 출간 후 지금까지 다년간의 베스트셀러 자리를 거쳐 스테디셀러로까지 꾸준히 사랑 받고 있는 〈착! 붙는 중국어 독학 첫걸음〉에서 학습했던 주옥 같은 문장을 기억하며 직접 손으로 써보고, 이미 학습했던 확장단어를 활용해 중국어로 작문하고 문제까지 직접 풀어보세요. 가벼운 복습만으로도 훌쩍 자란 중국어 실력을 확인할 수 있을 것입니다.

중국어공부기술연구소

〔 차 례 〕

한어병음
쓰기

● 기본운모 6가지 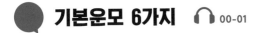 00-01

a 아	a	a		
o 오어	o	o		
e 으어	e	e		
i 이	i	i		
u 우	u	u		
ü 위	ü	ü		

1 입술소리(순음 脣音) 🎧 00-02

b(o) 뽀어	b(o)	b(o)		
p(o) 포어	p(o)	p(o)		
m(o) 모어	m(o)	m(o)		
f(o) 포어	f(o)	f(o)		

(b)

ba 빠	ba	ba		
bo 뽀어	bo	bo		
bi 삐	bi	bi		
bu 뿌	bu	bu		

(p)

pa 파	pa	pa		
po 포어	po	po		
pi 피	pi	pi		
pu 푸	pu	pu		

(m)

ma 마	ma	ma		
mo 모어	mo	mo		
me 므어	me	me		
mi 미	mi	mi		
mu 무	mu	mu		

(f)

fa 파	fa	fa		
fo 포어	fo	fo		
fu 푸	fu	fu		

2 **혀끝소리(설첨음 舌尖音)** 🎧 00-03

d(e) 뜨어	d(e)	d(e)		
t(e) 트어	t(e)	t(e)		
n(e) 느어	n(e)	n(e)		
l(e) 르어	l(e)	l(e)		

(d)

da 따	da	da		
de 뜨어	de	de		
di 띠	di	di		
du 뚜	du	du		

(t)

ta 타	ta	ta		
te 트어	te	te		
ti 티	ti	ti		
tu 투	tu	tu		

(n)

na 나	na	na		
ne 느어	ne	ne		
ni 니	ni	ni		
nu 누	nu	nu		
nü 뉘	nü	nü		

(l)

la 라	la	la		
le 르어	le	le		
li 리	li	li		

lu 루	lu	lu		
lü 뤼	lü	lü		

3 혀뿌리소리(설근음 舌根音) 🎧 00-04

g(e) 끄어	g(e)	g(e)		
k(e) 크어	k(e)	k(e)		
h(e) 흐어	h(e)	h(e)		

(g)

ga 까	ga	ga		
ge 끄어	ge	ge		

gu 꾸	gu	gu		

(k)

ka 카	ka	ka		
ke 크어	ke	ke		
ku 쿠	ku	ku		

(h)

ha 하	ha	ha		
he 흐어	he	he		
hu 후	hu	hu		

④ 혓바닥소리(설면음 舌面音) 🎧 00-05

j(i) 지	j(i)	j(i)		
q(i) 치	q(i)	q(i)		
x(i) 시	x(i)	x(i)		

(j)

ji 지	ji	ji		
ju 쥐	ju	ju		

(Q)

qi 치	qi	qi		

qu 취	qu	qu		

(x)

xi 시	xi	xi		
xu 쉬	xu	xu		

5 혀와 잇소리(설치음 舌齒音) 🎧 00-06

z(i) 쯔	z(i)	z(i)		
c(i) 츠	c(i)	c(i)		
s(i) 쓰	s(i)	s(i)		

(z)

za 짜	za	za		
ze 쯔어	ze	ze		
zi 쯔	zi	zi		
zu 쭈	zu	zu		

(c)

ca 차	ca	ca		
ce 츠어	ce	ce		
ci 츠	ci	ci		
cu 추	cu	cu		

(s)

sa 싸	sa	sa		
se 쓰어	se	se		
si 쓰	si	si		
su 쑤	su	su		

6 혀 말은 소리(권설음 卷舌音) 🎧 00-07

zh(i) 즈	zh(i)	zh(i)		
ch(i) 츠	ch(i)	ch(i)		
sh(i) 스	sh(i)	sh(i)		
r(i) 르	r(i)	r(i)		

(zh)

zha 쟈	zha	zha		
zhe 즈어	zhe	zhe		
zhi 즈	zhi	zhi		
zhu 쥬	zhu	zhu		

(ch)

cha 챠	cha	cha		
che 츠어	che	che		
chi 츠	chi	chi		
chu 츄	chu	chu		

(sh)

sha 샤	sha	sha		
she 스어	she	she		
shi 스	shi	shi		
shu 슈	shu	shu		

(r)

re 르어	re	re		
ri 르	ri	ri		
ru 루	ru	ru		

● 녹음을 듣고 성조에 주의하여 따라 읽고 써보세요. 🎧 00-08

(1)　　　zhā　　　　　zhá　　　　　zhǎ　　　　　zhà

zhā	zhá	zhǎ	zhà

(2)　　　tū　　　　　tú　　　　　tǔ　　　　　tù

tū	tú	tǔ	tù

(3)　　　lǖ　　　　　lǘ　　　　　lǚ　　　　　lǜ

lǖ	lǘ	lǚ	lǜ

(4)　　　kē　　　　　ké　　　　　kě　　　　　kè

kē	ké	kě	kè

(5)　　　bō　　　　　bó　　　　　bǒ　　　　　bò

bō	bó	bǒ	bò

(6)　　　mī　　　　　mí　　　　　mǐ　　　　　mì

mī	mí	mǐ	mì

기본운모 + @

1 복운모(复韵母) 🎧 00-09

ai 아이	ai	ai		
ei 에이	ei	ei		
ao 아오	ao	ao		
ou 어우	ou	ou		

(b)

bai 빠이	bai	bai		
bei 뻬이	bei	bei		
bao 빠오	bao	bao		

(p)

pai 파이	pai	pai		
pei 페이	pei	pei		
pao 파오	pao	pao		
pou 퍼우	pou	pou		

(m)

mai 마이	mai	mai		
mei 메이	mei	mei		
mao 마오	mao	mao		
mou 머우	mou	mou		

(zh)

zhai 쟈이	zhai	zhai		
zhei 제이	zhei	zhei		
zhao 쟈오	zhao	zhao		
zhou 저우	zhou	zhou		

2 비운모(鼻韵母)/권설운모(卷舌韵母) 🎧 00-10

an 아ㄴ/안	an	an		
en 으어ㄴ/언	en	en		
ang 아ㅇ/앙	ang	ang		
eng 으어ㅇ/엉	eng	eng		

er 어르/얼	er	er		

(f)

fan 파느/판	fan	fan		
fen 프어느/펀	fen	fen		
fang 파ㅇ/팡	fang	fang		
feng 프어ㅇ/펑	feng	feng		

(t)

tan 타느/탄	tan	tan		
tang 타ㅇ/탕	tang	tang		
teng 트어ㅇ/텅	teng	teng		

(r)

ran 라ㄴ / 란	ran	ran		
ren 르어ㄴ / 런	ren	ren		
rang 라ㅇ / 랑	rang	rang		
reng 르어ㅇ / 렁	reng	reng		

(c)

can 차ㄴ / 찬	can	can		
cen 츠어ㄴ / 천	cen	cen		
cang 차ㅇ / 창	cang	cang		
ceng 츠어ㅇ / 청	ceng	ceng		

3 'i' 결합운모① 🎧 00-11

ia 이아	ia	ia		
ie 이에	ie	ie		
iao 이아오	iao	iao		
iou 이(어)우	iou	iou		
	iu	iu		

앞에 성모가 오면 'iu'로 표기하고, 가운데 'o' 발음은 약하게 발음

(j)

jia 지아	jia	jia		
jie 지에	jie	jie		
jiao 지아오	jiao	jiao		
jiu 지우	jiu	jiu		

(q)

qia 치아	qia	qia		
qie 치에	qie	qie		
qiao 치아오	qiao	qiao		
qiu 치우	qiu	qiu		

(x)

xia 시아	xia	xia		
xie 시에	xie	xie		
xiao 시아오	xiao	xiao		
xiu 시우	xiu	xiu		

(n)

nie 니에	nie	nie		
niao 니아오	niao	niao		
niu 니우	niu	niu		

④ 'i' 결합운모② 🎧 00-12

ian 이애ㄴ / 이앤	ian	ian		
iang 이아ㅇ / 이앙	iang	iang		
in i+en 이ㄴ / 인	in	in		
ing 이ㅇ / 잉 i+eng	ing	ing		

(n)

nian 니애ㄴ / 니앤	nian	nian		
niang 니아ㅇ / 니앙	niang	niang		
nin 니ㄴ / 닌	nin	nin		
ning 니ㅇ / 닝	ning	ning		

(l)

lian 리애ㄴ / 리앤	lian	lian		
liang 리아ㅇ / 리앙	liang	liang		
lin 리ㄴ / 린	lin	lin		
ling 리ㅇ / 링	ling	ling		

(q)

qian 치애ㄴ / 치앤	qian	qian		
qiang 치아ㅇ / 치앙	qiang	qiang		
qin 치ㄴ / 친	qin	qin		
qing 치ㅇ / 칭	qing	qing		

(x)

xian 시애ㄴ / 시엔	xian	xian		
xiang 시아ㅇ / 시앙	xiang	xiang		
xin 시ㄴ / 신	xin	xin		
xing 시ㅇ / 싱	xing	xing		

5 'u' 결합운모① 🎧 00-13

ua 우아	ua	ua		
uo 우어	uo	uo		
uai 우아이	uai	uai		
uei 우(에)이 i+uei	uei ui	uei ui		

(z)

zhua 쮸아	zhua	zhua		
zhuo 쮸어	zhuo	zhuo		
zhuai 쮸아이	zhuai	zhuai		
zhui 쮸(에)이	zhui	zhui		

(c)

chua 츄아	chua	chua		
chuo 츄어	chuo	chuo		
chuai 츄아이	chuai	chuai		
chui 츄(에)이	chui	chui		

(s)

shua 슈아	shua	shua		
shuo 슈어	shuo	shuo		
shuai 슈아이	shuai	shuai		
shui 슈(에)이	shui	shui		

(h)

hua 후아	hua	hua		
huo 후어	huo	huo		
huai 후아이	huai	huai		
hui 후(에)이	hui	hui		

6 'u' 결합운모② 🎧 00-14

uan 우아ㄴ / 우안	uan	uan		
uen 우어ㄴ / 우언 / 언	uen un	uen un		
uang 우아ㅇ / 우앙	uang	uang		

ueng 우어ㅇ/우엉/옹	ueng	ueng		
	ong	ong		

앞에 성모가 오면 'e'를 빼고 표기하고 발음도 약하게

(g)

guan 꾸아ㄴ/꽌	guan	guan		
gun 꾸ㄴ/꾼	gun	gun		
guang 꾸아ㅇ/꽝	guang	guang		
gong 꽁	gong	gong		

(k)

kuan 쿠아ㄴ / 콴	kuan	kuan		
kun 쿠ㄴ / 쿤	kun	kun		
kuang 쿠아ㅇ / 쾅	kuang	kuang		
kong 콩	kong	kong		

(z)

zhuan 쥬아ㄴ / 좐	zhuan	zhuan		
zhun 쥬ㄴ / 쥰	zhun	zhun		
zhuang 쥬아ㅇ / 좡	zhuang	zhuang		
zhong 중	zhong	zhong		

(c)

chuan 츄아ㄴ / 촨	chuan	chuan		
chun 츄ㄴ / 춘	chun	chun		
chuang 츄아ㅇ / 촹	chuang	chuang		
chong 충	chong	chong		

7 'ü' 결합운모 🎧 00-15

üe 위에	üe	üe		
üan 위애ㄴ / 위앤	üan	üan		
ün ü+en 위ㄴ / 윈	ün	ün		
iong 위ㅇ / 윙 ü+eng	iong	iong		

(j)

jue 쮀에	jue	jue		
juan 쮀애ㄴ / 쮀앤	juan	juan		
jun 쮀ㄴ / 쮄	jun	jun		
jiong 쮀오ㅇ / 지옹	jiong	jiong		

(q)

que 췌에	que	que		
quan 췌애ㄴ / 췌앤	quan	quan		
qun 췌ㄴ / 췬	qun	qun		
qiong 췌오ㅇ / 췌옹	qiong	qiong		

(x)

xue 쉬에	xue	xue		
xuan 쉬애ㄴ / 쉬앤	xuan	xuan		
xun 쉬ㄴ / 쉰	xun	xun		
xiong 쉬오ㅇ / 쉬옹	xiong	xiong		

(y)

yue 위에	yue	yue		
yuan 위애ㄴ / 위앤	yuan	yuan		
yun 위ㄴ / 윈	yun	yun		
yong 위오ㅇ / (위)옹	yong	yong		

녹음을 듣고 성조에 주의하여 따라 읽고 써보세요. 🎧 00-16

(1) juē jué juě juè

| juē | jué | juě | juè |

(2) kuāng kuáng kuǎng kuàng

| kuāng | kuáng | kuǎng | kuàng |

(3) niāo niáo niǎo niào

| niāo | niáo | niǎo | niào |

(4) qiān qián qiǎn qiàn

| qiān | qián | qiǎn | qiàn |

(5) xūn xún xǔn xùn

| xūn | xún | xǔn | xùn |

(6) yōng yóng yǒng yòng

| yōng | yóng | yǒng | yòng |

UNIT 01 ~ UNIT 21

문장 쓰기와 Check!

你好!
Nǐ hǎo!

안녕!

✓ **인사말①**: 인칭대명사 [你(당신), 你们(여러분) 등]+好!

문장 쓰기

你好!
Nǐ hǎo!

你好!

확장 단어 쓰기

你们 nǐmen 때 너희들	你们	你们	你们	你们
您 nín 때 당신 ('你'의 존칭)	您	您	您	您

확장 문장 쓰기

여러분, 안녕하세요!

안녕하세요! [존칭]

정답 你们好! / 您好!

老师好!

Lǎoshī hǎo!

선생님, 안녕하세요!

- ✓ **인사말②**: 명사 [老师(선생님), 朋友(친구) 등] ┐
- ✓ **인사말③**: 시간명사 [早上(아침), 晚上(저녁) 등] ┘ +好!

문장 쓰기

老师好!
Lǎoshī hǎo!

老师好!

확장 단어 쓰기

早上 zǎoshang 명 아침	早上	早上	早上	早上
晚上 wǎnshang 명 저녁	晚上	晚上	晚上	晚上

확장 문장 쓰기

안녕하세요! [아침인사]

안녕하세요! [저녁인사]

 정답 早上好! / 晚上好!

再见!
Zàijiàn!

잘 가!

✔ 헤어지는 인사말① : 再(다시)+见(만나다)! — 또 봐, 잘 가

문장 쓰기

再见!
Zàijiàn!

再见!

확장 단어 쓰기

大家 dàjiā 때 여러분, 모두	大家	大家	大家	大家
爸爸 bàba 명 아빠	爸爸	爸爸	爸爸	爸爸

확장 문장 쓰기

여러분, 잘 가요!

아빠, 안녕히 가세요!

 정답 大家再见! / 爸爸再见!

明天见!
Míngtiān jiàn!

내일 봐요!

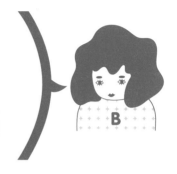

✓ **헤어지는 인사말②:** 시간명사 [明天(내일), 一会儿(잠시 후) 등]+见!

문장
쓰기

明天见!
Míngtiān jiàn!

明天见!

확장 단어
쓰기

一会儿 yíhuìr 명 잠시 후	一会儿	一会儿	一会儿	一会儿
今天 jīntiān 명 오늘	今天	今天	今天	今天

확장 문장
쓰기

선생님 이따가 봐요!

오늘 저녁에 봐!

정답 老师一会儿见! / 今天晚上见!

1

A 谢谢。 Xièxie. 고맙습니다..

谢谢。

B 不客气。 Bú kèqi. / 不(用)谢。 Bú (yòng) xiè. 천만에요.

不客气。 / 不(用)谢。

2

A 对不起。 Duìbuqǐ. / 不好意思。 Bù hǎoyìsi. 죄송합니다.

对不起。 / 不好意思。

B 没关系。 Méi guānxi. 괜찮습니다.

没关系。

3

A 认识你很高兴。 Rènshi nǐ hěn gāoxìng. 만나서 반갑습니다.

认识你很高兴。

B 请多关照。 Qǐng duō guānzhào. 잘 부탁드립니다.

请多关照。

1 대화의 내용이 알맞도록 문장을 연결해보세요.

A   B

(1) 你们好!   ·   ·   明天见!

(2) 再见!   ·   ·   您好!

2 다음 문장을 중국어로 완성하세요.

(1) 여러분, 안녕! [저녁인사]

➡ _____

(2) 여러분, 내일 만나요!

➡ _____

3 알맞은 어순으로 문장을 완성하세요.

(1) 早上 │ 好 │ 大家   다들 안녕? [아침인사]

➡ _____

(2) 大家 │ 见 │ 一会儿   다들 이따가 봐!

➡ _____

정답 1. (1) **A:** 你们好! **B:** 您好! (2) **A:** 再见! **B:** 明天见!   2. (1) 大家晚上好! (2) 大家明天见!
3. (1) 大家早上好! (2) 大家一会儿见!

你现在饿吗?

Nǐ xiànzài è ma?

너는 지금 배고프니?

✓ **형용사술어문:** '배고프다', '예쁘다' 등의 형용사가 술어가 되는 문장
✓ **의문 형태:** 주어＋형용사술어＋吗? ➡ '很'을 빼고 의문조사 '吗'를 붙임

문장 쓰기

你现在饿吗?

Nǐ xiànzài è ma?

你现在饿吗?

확장 단어 쓰기

忙	忙	忙	忙	忙
máng 형 바쁘다				
累	累	累	累	累
lèi 형 피곤하다				

확장 문장 쓰기

너 지금 바빠?

너 지금 피곤해?

 정답 你现在忙吗? / 你现在累吗?

我很饿。

Wǒ hěn è.

나는 배고파.

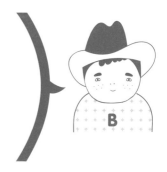

✓ **형용사술어문의 기본 형식:** 주어＋很＋형용사술어。
 ➡ '很'은 정도를 나타내는 부사로 형용사 앞에 반드시 있어야 하며, 뜻은 없음

 문장 쓰기

我很饿。

Wǒ hěn è.

我很饿。

 확장 단어 쓰기

高 gāo 혱 (키가) 크다	高	高	高	高
漂亮 piàoliang 혱 예쁘다	漂亮	漂亮	漂亮	漂亮

 확장 문장 쓰기

그는 키가 커.

그녀는 예뻐.

정답 他很高。 / 她很漂亮。

饭店远不远?

Fàndiàn yuǎn bu yuǎn?

식당이 멀어?

> ✓ **형용사술어문의 정반의문문: 주어＋형용사술어＋不＋형용사술어?**
> ➡ 의문조사 '吗' 대신 긍정형과 부정형을 반복하여 의문문을 만들 수 있음

문장
쓰기

饭店远不远?

Fàndiàn yuǎn bu yuǎn?

饭店远不远?

확장 단어
쓰기

| 大
dà 형 크다 | 大 | 大 | 大 | 大 |
| 干净
gānjìng 형 깨끗하다 | 干净 | 干净 | 干净 | 干净 |

확장 문장
쓰기

호텔은 커? (정반의문문)

_____

호텔은 깨끗해? (정반의문문)

_____

🐕 정답 饭店大不大? / 饭店干净不干净?

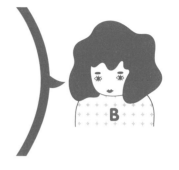

饭店**不太远**。

Fàndiàn bú tài yuǎn.

식당은 그다지 멀지 않아.

- ✓ **형용사술어문의 부정문**: 주어+不+형용사술어。
- ✓ **'不太' + 형용사술어**: 주어+不+太+형용사술어。 (그다지 ~않다)

문장 쓰기

饭店不太远。

Fàndiàn bú tài yuǎn

饭店不太远。

확장 단어 쓰기

咖啡厅 kāfēitīng 몡 커피숍	咖啡厅	咖啡厅	咖啡厅	咖啡厅
家 jiā 몡 집	家	家	家	家

확장 문장 쓰기

커피숍은 그다지 크지 않아.

_____

집이 깨끗하지 않아.

_____

 정답 咖啡厅**不太**大。 / 家**不**干净。

1	服务员 fúwùyuán 종업원	服务员	服务员	
2	菜单 càidān 메뉴	菜单	菜单	
3	勺子 sháozi 숟가락	勺子	勺子	
4	筷子 kuàizi 젓가락	筷子	筷子	
5	餐巾纸 cānjīnzhǐ 냅킨	餐巾纸	餐巾纸	
6	茶水 cháshuǐ 찻물	茶水	茶水	
7	饮料 yǐnliào 음료	饮料	饮料	
8	起子 qǐzi 병따개	起子	起子	
9	点菜 diǎncài 요리를 주문하다	点菜	点菜	
10	拿手菜 náshǒucài 가장 자신 있는 요리	拿手菜	拿手菜	
11	换碟子 huàn diézi 접시를 바꿔 주다	换碟子	换碟子	
12	买单 mǎidān 계산하다	买单	买单	

1 대화의 내용이 알맞도록 문장을 연결해보세요.

A		B
(1) 饭店远不远?	・　　・	饭店不远。
(2) 你现在饿吗?	・　　・	我很饿。

2 다음 문장을 중국어로 완성하세요.

(1) 커피숍이 멀어? [정반의문문]

➡ _____

(2) 호텔은 깨끗해.

➡ _____

3 다음 질문에 자유롭게 대답하고 직접 써보세요.

(1) 你现在饿吗?

➡ _____

(2) 你现在忙吗?

➡ _____

 정답 1. (1) **A:** 饭店远不远? **B:** 饭店不远。 (2) **A:** 你现在饿吗? **B:** 我很饿。
2. (1) 咖啡厅远不远? (2) 饭店很干净。

他是你男朋友吗?

Tā shì nǐ nánpéngyou ma?

그가 네 남자 친구야?

✓ **판단동사 '是' 구문:** A 是 B。 (A는 B이다.)
✓ **판단동사 '是'의 의문문:** A 是 B 吗? (A는 B입니까?)

문장 쓰기

他是你男朋友吗?

Tā shì nǐ nánpéngyou ma?

他是你男朋友吗?

확장 단어 쓰기

妹妹 mèimei 명 여동생	妹妹	妹妹	妹妹	妹妹
朋友 péngyou 명 친구	朋友	朋友	朋友	朋友

확장 문장 쓰기

그녀가 네 여동생이야?

_____

그가 네 친구야?

_____

🐕 **정답** 她是你妹妹吗? / 他是你朋友吗?

不，他是我同事。

Bù, tā shì wǒ tóngshì.

아니, 그는 내 동료야.

- ✓ **부정부사:** 不 (~이 아니다) ➡ 문장에서 단독으로 사용 가능
- ✓ **판단동사 '是'의 부정문:** A 不是 B。(A는 B가 아니다.)

문장 쓰기

不，他是我同事。

Bù, tā shì wǒ tóngshì.

不，他是我同事。

확장 단어 쓰기

哥哥 gēge 명 오빠, 형	哥哥	哥哥	哥哥	哥哥
弟弟 dìdi 명 남동생	弟弟	弟弟	弟弟	弟弟

확장 문장 쓰기

그는 내 오빠가 아니야.

그는 남동생이 아니야.

 정답 他不是我哥哥。 / 他不是弟弟。

这是谁?
Zhè shì shéi?

얘는 누구야?

✓ 지시대사 '这(이, 이것)'/'那(저, 저것/그, 그것)' ➡ 어떤 사람/사물을 지칭
✓ 의문대사로 묻는 의문문: 묻고 싶은 대상의 자리에 의문대사를 넣으면 됨

문장 쓰기

这是谁?
Zhè shì shéi?

这是谁?

확장 단어 쓰기

那 nà 떼 저(것, 사람), 그(것, 사람)	那	那	那	那
他们 tāmen 떼 그들, 그 사람들	他们	他们	他们	他们

확장 문장 쓰기

저 사람은 누구야?

그들은 누구야?

🐕 **정답** 那是谁? / 他们是谁?

56　착! 붙는 중국어 독학 첫걸음 – WORKBOOK

这是同学。

Zhè shì tóngxué.

얘는 학교 친구야.

✓ **의문대사 의문문의 대답**: 의문대사 자리에 알맞은 답을 넣어 대답함

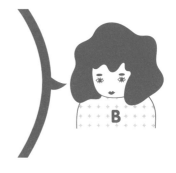

문장 쓰기

这是同学。

Zhè shì tóngxué.

这是同学。

확장 단어 쓰기

同事 tóngshì 몡 동료	同事	同事	同事	同事
女朋友 nǚpéngyou 몡 여자 친구	女朋友	女朋友	女朋友	女朋友

확장 문장 쓰기

그는 내 동료야.

이쪽은 내 여자 친구야.

 정답 他是我同事。 / 这是我女朋友。

1	**爷爷** yéye 할아버지	爷爷	爷爷		
2	**奶奶** nǎinai 할머니	奶奶	奶奶		
3	**姥爷** lǎoye 외할아버지	姥爷	姥爷		
4	**姥姥** lǎolao 외할머니	姥姥	姥姥		
5	**爸爸** bàba 아버지	爸爸	爸爸		
6	**妈妈** māma 어머니	妈妈	妈妈		
7	**哥哥** gēge 형, 오빠	哥哥	哥哥		
8	**姐姐** jiějie 누나, 언니	姐姐	姐姐		
9	**我** wǒ 나	我	我		
10	**弟弟** dìdi 남동생	弟弟	弟弟		
11	**妹妹** mèimei 여동생	妹妹	妹妹		

1 대화의 내용이 알맞도록 문장을 연결해보세요.

A	B
(1) 他是你哥哥吗? ·	· 不，他是我弟弟。
(2) 那是谁? ·	· 那是我同学。

2 다음 문장을 중국어로 완성하세요.

(1) 그는 네 남자 친구야?

➡ _____

(2) 그녀들은 내 회사 동료야.

➡ _____

3 알맞은 어순으로 문장을 완성하세요.

(1) 不 ｜ 我哥哥 ｜ 他 ｜ 是　아니, 그는 내 오빠(형)야.

➡ _____

(2) 谁 ｜ 是 ｜ 她们　그녀들은 누구야?

➡ _____

 정답 1. (1) A: 他是你哥哥吗? B: 不，他是我弟弟。 (2) A: 那是谁? B: 那是我同学。
2. (1) 他是你男朋友吗? (2) 她们是我同事。 3. (1) 不，他是我哥哥。 (2) 她们是谁?

你叫什么名字?

Nǐ jiào shénme míngzi?

너는 이름이 뭐야?

✔ **이름을 묻고 말할 때:** 동사 '叫' (~라고 부르다)
✔ **의문대사 '什么':** 의문대사가 있는 의문문에는 의문조사 '吗'를 붙이지 않음

문장
쓰기

你叫什么名字?

Nǐ jiào shénme míngzi?

你叫什么名字?

확장 단어
쓰기

汉语 Hànyǔ 고유 중국어	汉语	汉语	汉语	汉语
老师 lǎoshī 명 선생님	老师	老师	老师	老师

확장 문장
쓰기

네 형의 이름은 머야?

_____

중국어 선생님의 성함은 어떻게 돼?

_____

🐺 **정답** 你哥哥叫什么名字? / 汉语老师叫什么名字?

我叫朴银真。

Wǒ jiào Piáo Yínzhēn.

나는 박은진이야.

- ✓ **이름을 말할 때:** 我叫 ＊＊＊。 (나는 ＊＊＊라고 불러./내 이름은 ＊＊＊라고 해.)
  → 의문대사 '什么'의 자리에 이름을 넣어 대답

문장 쓰기

我叫朴银真。

Wǒ jiào Piáo Yínzhēn.

我叫朴银真。

확장 단어 쓰기

姐姐 jiějie 몡 누나, 언니	姐姐	姐姐	姐姐	姐姐
妈妈 māma 몡 엄마	妈妈	妈妈	妈妈	妈妈

확장 문장 쓰기

우리 언니의 이름은 전지현이야. [전지현: 全智贤]

우리 엄마의 이름은 박은진이야.

 정답 我姐姐叫全智贤。 / 我妈妈叫朴银真。

你是哪国人?

Nǐ shì nǎ guó rén?

너는 어느 나라 사람이야?

✓ 여러 가지 중 하나를 선택할 때 사용하는 의문대사: 의문대사 '哪' (어느, 어떤)

문장 쓰기

你是哪国人?

Nǐ shì nǎ guó rén?

你是哪国人?

확장 단어 쓰기

爷爷 yéye 명 할아버지	爷爷	爷爷	爷爷	爷爷
奶奶 nǎinai 명 할머니	奶奶	奶奶	奶奶	奶奶

확장 문장 쓰기

그의 할아버지는 어느 나라 사람이셔?

네 할머니는 어느 나라 사람이셔?

 정답 他爷爷是哪国人? / 你奶奶是哪国人?

我是韩国人。
Wǒ shì Hánguórén.
나는 한국인이야.

✓ **의문대사 의문문의 대답:** 의문대사 자리에 알맞은 답을 넣어 대답

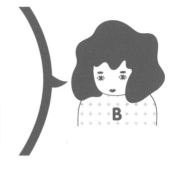

문장 쓰기

我是韩国人。
Wǒ shì Hánguórén.

我是韩国人。

확장 단어 쓰기

| 美国人 Měiguórén 고유 미국인 | 美国人 | 美国人 | 美国人 | 美国人 |
| 日本人 Rìběnrén 고유 일본인 | 日本人 | 日本人 | 日本人 | 日本人 |

확장 문장 쓰기

그녀는 미국인이야.

그녀의 친구는 일본인이야.

 정답   她是美国人。 / 她朋友是日本人。

1 律师 lǜshī 변호사	律师	律师		
2 警察 jǐngchá 경찰(관)	警察	警察		
3 医生 yīshēng 의사	医生	医生		
4 护士 hùshi 간호사	护士	护士		
5 记者 jìzhě 기자	记者	记者		
6 教授 jiàoshòu 교수	教授	教授		
7 保安 bǎo'ān 보안 요원	保安	保安		
8 演员 yǎnyuán 배우	演员	演员		
9 司机 sījī 운전사	司机	司机		
10 老板 lǎobǎn 사장	老板	老板		
11 歌手 gēshǒu 가수	歌手	歌手		
12 厨师 chúshī 요리사	厨师	厨师		

1 대화의 내용이 알맞도록 문장을 연결해보세요.

A	B
(1) 汉语老师叫什么名字? •	• 他是中国人。
(2) 你朋友是哪国人? •	• 她叫全智贤。

2 다음에 들어갈 알맞은 문장을 넣어 회화를 완성하세요.

(1) **A** 你朋友叫什么名字?　네 친구는 이름이 뭐야?

　　B ＿＿＿＿＿＿＿＿＿＿＿＿＿＿＿＿＿。　그녀는 박은진이라고 해.

(2) **A** ＿＿＿＿＿＿＿＿＿＿＿＿＿＿＿＿＿。　그 사람은 어느 나라 사람이야?

　　B 他是美国人。　그 사람은 미국 사람이야.

3 다음 질문에 자유롭게 대답하고 직접 써보세요.

(1) 你叫什么名字?

　➡ ＿＿＿＿＿＿＿＿＿＿＿＿＿＿＿＿＿＿＿＿＿＿＿＿＿＿＿＿＿

(2) 你是哪国人?

　➡ ＿＿＿＿＿＿＿＿＿＿＿＿＿＿＿＿＿＿＿＿＿＿＿＿＿＿＿＿＿

 정답 1. (1) A: 汉语老师叫什么名字? B: 她叫全智贤。 (2) A: 你朋友是哪国人? B: 他是中国人。
2. (1) 她叫朴银真。 (2) 他是哪国人?

你喜欢做什么?

Nǐ xǐhuan zuò shénme?

너는 뭐 하는 거 좋아해?

✔ **동사술어문의 형식:** 주어+동사서술어(+목적어)。
✔ **심리동사 '喜欢(좋아하다)':** 목적어로 명사/동사구가 올 수 있음

 문장 쓰기

你喜欢做什么?

Nǐ xǐhuan zuò shénme?

你喜欢做什么?

 확장 단어 쓰기

运动 yùndòng 몡 운동 통 운동하다	运动	运动	运动	运动
吃 chī 통 먹다	吃	吃	吃	吃

 확장 문장 쓰기

너 운동하는 거 좋아해?

너는 뭐 먹는 거 좋아해?

🐕 **정답** 你喜欢运动吗? / 你喜欢吃什么?

我喜欢看电影。

Wǒ xǐhuan kàn diànyǐng.

나는 영화 보는 거 좋아해.

✓ 심리동사 '喜欢(좋아하다)'으로 대답할 때: 동사 뒤에 목적어(명사/동사구의 형태)를 넣어 대답

문장 쓰기

我喜欢看电影。

Wǒ xǐhuan kàn diànyǐng.

我喜欢看电影。

확장 단어 쓰기

旅行 lǚxíng 동 여행하다	旅行	旅行	旅行	旅行
牛排 niúpái 명 스테이크	牛排	牛排	牛排	牛排

확장 문장 쓰기

나는 여행하는 거 좋아해.

나는 스테이크 먹는 거 좋아해.

 정답 我喜欢旅行。 / 我喜欢吃牛排。

你喜欢喝咖啡吗?

Nǐ xǐhuan hē kāfēi ma?

너는 커피 마시는 거 좋아해?

A

✓ '喜欢(좋아하다)'+동사구(동사+목적어): ~하는 것을 좋아하다
✓ 동사술어문의 의문 형식: 주어+동사(+목적어)+吗?

문장
쓰기

你喜欢喝咖啡吗?

Nǐ xǐhuan hē kāfēi ma?

你喜欢喝咖啡吗?

확장 단어
쓰기

| 听音乐
tīng yīnyuè
음악을 듣다 | 听音乐 | 听音乐 | 听音乐 | 听音乐 |
| 吃水果
chī shuǐguǒ
과일을 먹다 | 吃水果 | 吃水果 | 吃水果 | 吃水果 |

확장 문장
쓰기

너 음악 듣는 거 좋아해?

너 과일 먹는 거 좋아해?

 정답　你喜欢听音乐吗? / 你喜欢吃水果吗?

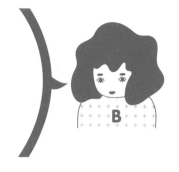

我只喜欢喝美式咖啡。

Wǒ zhǐ xǐhuan hē měishì kāfēi.

나는 아메리카노 마시는 것만 좋아해.

✓ 부사 '只'+동사: 오직/단지 (동사)만 ~하다 [부사는 동사 앞에 옴]

문장
쓰기

我只喜欢喝美式咖啡。

Wǒ zhǐ xǐhuan hē měishì kāfēi.

我只喜欢喝美式咖啡。

확장 단어
쓰기

只 zhǐ 匣 오직, 단지	只	只	只	只
学外语 xué wàiyǔ 외국어를 공부하다	学外语	学外语	学外语	学外语

확장 문장
쓰기

나는 중국영화 보는 것만 좋아해.

나는 외국어 공부하는 것만 좋아해.

 정답 我只喜欢看中国电影。 / 我只喜欢学外语。

05 좋아하는 것을 물어볼 때는? 69

1	**浓缩咖啡** nóngsuō kāfēi 에스프레소	浓缩咖啡	浓缩咖啡	
2	**美式咖啡** měishì kāfēi 아메리카노	美式咖啡	美式咖啡	
3	**拿铁** nátiě 카페라떼	拿铁	拿铁	
4	**摩卡** mókǎ 카페모카	摩卡	摩卡	
5	**卡布奇诺** kǎbùqínuò 카푸치노	卡布奇诺	卡布奇诺	
6	**焦糖玛奇朵** jiāotáng mǎqíduǒ 캐러멜 마키아토	焦糖玛奇朵	焦糖玛奇朵	
7	**香草拿铁** xiāngcǎo nátiě 바닐라라떼	香草拿铁	香草拿铁	
8	**经典热巧克力** jīngdiǎn rè qiǎokèlì 핫초코	经典热巧克力	经典热巧克力	
9	**绿茶沙冰** lùchá shābīng 그린티 프라푸치노	绿茶沙冰	绿茶沙冰	
10	**芒果汁** mángguǒzhī 망고주스	芒果汁	芒果汁	
11	**奶油** nǎiyóu 생크림	奶油	奶油	
12	**糖浆** tángjiāng 시럽	糖浆	糖浆	

1 대화의 내용이 알맞도록 문장을 연결해보세요.

A		B

(1) 你喜欢听音乐吗? • • 我只喜欢听美国音乐。

(2) 你喜欢做什么? • • 我喜欢运动。

2 다음 문장을 중국어로 완성하세요.

(1) 너는 스테이크 먹는 거 좋아해?

➡ _____

(2) 그는 중국어 공부하는 거 좋아해.

➡ _____

3 알맞은 어순으로 문장을 완성하세요.

(1) 只 | 她 | 美式咖啡 | 喜欢 | 喝   그녀는 아메리카노 마시는 것만 좋아해.

➡ _____

(2) 喜欢 | 做 | 你 | 什么   너는 무엇 하는 것을 좋아해?

➡ _____

 정답 1. (1) **A:** 你喜欢听音乐吗? **B:** 我只喜欢听美国音乐。 (2) **A:** 你喜欢做什么? **B:** 我喜欢运动。
2. (1) 你喜欢吃牛排吗? (2) 他喜欢学汉语。 3. (1) 她只喜欢喝美式咖啡。 (2) 你喜欢做什么?

你有智能手机吗?

Nǐ yǒu zhìnéng shǒujī ma?

너는 스마트폰이 있어?

- ✓ 동사 '**有**': 문장에서 사람/사물의 소유를 나타냄
- ✓ 동사 '**有**'가 있는 문장의 의문문①: 문장 끝에 의문조사 '吗'를 붙임

문장
쓰기

你有智能手机吗?

Nǐ yǒu zhìnéng shǒujī ma?

你有智能手机吗?

확장 단어
쓰기

电脑 diànnǎo 몡 컴퓨터	电脑	电脑	电脑	电脑
信用卡 xìnyòngkǎ 몡 신용카드	信用卡	信用卡	信用卡	信用卡

확장 문장
쓰기

그 사람 컴퓨터 있어?

너 신용카드 있어?

정답 他有电脑吗? / 你有信用卡吗?

我有智能手机。

Wǒ yǒu zhìnéng shǒujī.

나는 스마트폰이 있어.

✓ **동사 '有'의 부정:** '不有'가 아닌 '没有 méiyǒu'로!

문장
쓰기

我有智能手机。

Wǒ yǒu zhìnéng shǒujī.

我有智能手机。

확장 단어
쓰기

雨伞 yǔsǎn 명 우산	雨伞	雨伞	雨伞	雨伞
感冒药 gǎnmàoyào 명 감기약	感冒药	感冒药	感冒药	感冒药

확장 문장
쓰기

나는 우산 없어.

엄마가 감기약을 가지고 계셔.

🐕 정답　我没有雨伞。 / 妈妈有感冒药。

你的智能手机怎么样?

Nǐ de zhìnéng shǒujī zěnmeyàng?

네 스마트폰은 어때?

✓ **의문대사 '怎么样'**: 무엇이 '어떻다' ➡ 단독으로 술어로 쓸 수 있음
✓ **구조조사 '的'**: '~의' ➡ 소유/관계/한정을 나타낼 때 명사 앞에 붙임

문장
쓰기

你的智能手机怎么样?

Nǐ de zhìnéng shǒujī zěnmeyàng?

你的智能手机怎么样?

확장 단어
쓰기

小说 xiǎoshuō 몡 소설	小说	小说	小说	小说
房子 fángzi 몡 집	房子	房子	房子	房子

확장 문장
쓰기

그의 소설은 어때?

네 집은 어때?

🐕 정답 他的小说怎么样? / 你的房子怎么样?

我的智能手机很实用。
Wǒ de zhìnéng shǒujī hěn shíyòng.

내 스마트폰은 아주 실용적이야.

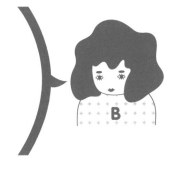

✓ 의문대사 **'怎么样'**에 대답할 때: '怎么样'의 자리에 하고자 하는 말을 넣어 대답

문장 쓰기

我的智能手机很实用。
Wǒ de zhìnéng shǒujī hěn shíyòng.

我的智能手机很实用。

확장 단어 쓰기

有意思 yǒu yìsi 형 재미있다	有意思	有意思	有意思	有意思
贵 guì 형 비싸다	贵	贵	贵	贵

확장 문장 쓰기

그의 소설은 재미있어.

우리 집은 비싸.

 정답 他的小说很有意思。 / 我的房子很贵。

1	**红色** hóngsè 빨간색	红色	红色		
2	**橘色** júsè 주황색	橘色	橘色		
3	**黄色** huángsè 노란색	黄色	黄色		
4	**绿色** lǜsè 녹색	绿色	绿色		
5	**蓝色** lánsè 파란색	蓝色	蓝色		
6	**紫色** zǐsè 보라색	紫色	紫色		
7	**白色** báisè 흰색	白色	白色		
8	**黑色** hēisè 검은색	黑色	黑色		
9	**粉红色** fěnhóngsè 분홍색	粉红色	粉红色		
10	**金色** jīnsè 금색	金色	金色		
11	**银色** yínsè 은색	银色	银色		
12	**灰色** huīsè 회색	灰色	灰色		

1 대화의 내용이 알맞도록 문장을 연결해보세요.

A	B
(1) 你有电脑吗? •	• 我的电脑很实用。
(2) 你的电脑怎么样? •	• 我有电脑。

2 다음에 들어갈 알맞은 문장을 넣어 회화를 완성하세요.

(1) **A** 他的女朋友怎么样?　그의 여자 친구는 어때?

　　B _____。　그의 여자 친구는 키가 커.

(2) **A** _____。　너 여동생 있어?

　　B 我没有妹妹。　나 여동생 없어.

3 다음 질문에 자유롭게 대답하고 직접 써보세요.

(1) 你的汉语老师怎么样?

　➡ _____

(2) 你的智能手机怎么样?

　➡ _____

 정답 1. (1) **A:** 你有电脑吗?　**B:** 我有电脑。 (2) **A:** 你的电脑怎么样?　**B:** 我的电脑很实用。
2. (1) 他的女朋友(个子)很高。 (2) 你有妹妹吗?

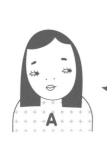

你有没有姐姐?

Nǐ yǒu méiyǒu jiějie?

너는 언니가 있어?

✓ 동사 '有'가 있는 문장의 의문문②: '긍정+부정'을 붙여 써서 '有没有 yǒu méiyǒu'로 씀 [정반의문문]

문장 쓰기

你有没有姐姐?

Nǐ yǒu méiyǒu jiějie?

你有没有姐姐?

확장 단어 쓰기

订书机 dìngshūjī 명 호치키스	订书机	订书机	订书机	订书机
护手霜 hùshǒushuāng 명 핸드크림	护手霜	护手霜	护手霜	护手霜

확장 문장 쓰기

너 호치키스 있어? [정반의문문]

너 핸드크림 있어? [정반의문문]

🐕 정답 你有没有订书机? / 你有没有护手霜?

我有一个姐姐。

Wǒ yǒu yí ge jiějie.

나는 언니가 한 명 있어.

- ✓ **수사+양사+명사**: 수사와 명사 사이에는 명사를 세는 단위인 양사(量词)를 꼭!
- ✓ **양사 앞의 숫자 '2'** ➡ '二 èr'이 아닌 '两 liǎng'으로 써야 함!

문장 쓰기

我有一个姐姐。

Wǒ yǒu yí ge jiějie.

我有一个姐姐。

확장 단어 쓰기

两 liǎng 수 2, 이, 둘	两	两	两	两
本子 běnzi 명 노트	本子	本子	本子	本子

확장 문장 쓰기

나는 남동생이 두 명 있어.

엄마가 공책을 두 권 갖고 계셔.

 정답　我有**两**个弟弟。 / 妈妈有**两**个本子。

你家有几口人?

Nǐ jiā yǒu jǐ kǒu rén?

너희 집은 몇 식구야?

A

✓ **개수를 물어보는 의문대사:** 의문대사 '几' (얼마) ➡ 숫자 자리에 사용
✓ **개사 '口':** 가족의 수를 셀 때

문장 쓰기

你家有几口人?

Nǐ jiā yǒu jǐ kǒu rén?

你家有几口人?

확장 단어 쓰기

阿姨 āyí 명 아주머니	阿姨	阿姨	阿姨	阿姨
同学 tóngxué 명 학교 친구	同学	同学	同学	同学

확장 문장 쓰기

아주머니 댁의 가족은 몇 명이에요?

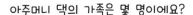

네 학교 친구의 가족은 몇 명이야?

 정답　阿姨家有几口人? / 你同学家有几口人?

我家有四口人。

Wǒ jiā yǒu sì kǒu rén.

우리 집은 네 식구야.

> ✓ **다양한 양사:** 位 wèi 분 [사람] / 只 zhī 마리 [동물] / 瓶 píng 병 [병으로 된 것] /
> 杯 bēi 잔 [잔으로 된 것] / 双 shuāng 켤레 [쌍으로 된 것]

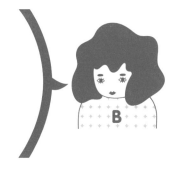

문장 쓰기

我家有四口人。

Wǒ jiā yǒu sì kǒu rén.

我家有四口人。

확장 단어 쓰기

小狗 xiǎogǒu 명 강아지	小狗	小狗	小狗	小狗
可乐 kělè 명 콜라	可乐	可乐	可乐	可乐

확장 문장 쓰기

나에게는 강아지 두 마리가 있어.

그가 콜라 한 병을 가지고 있어.

 정답 我有两只小狗。 / 他有一瓶可乐。

1	一 yī 일	一	一	
2	二 èr 이	二	二	
3	三 sān 삼	三	三	
4	四 sì 사	四	四	
5	五 wǔ 오	五	五	
6	六 liù 육	六	六	
7	七 qī 칠	七	七	
8	八 bā 팔	八	八	
9	九 jiǔ 구	九	九	
10	十 shí 십	十	十	

1 대화의 내용이 알맞도록 문장을 연결해보세요.

A   B

(1) 老师家有几口人?   ·   ·   老师家有五口人。

(2) 你有没有弟弟?   ·   ·   我有两个弟弟。

2 다음 문장을 중국어로 완성하세요.

(1) 우리 집에는 강아지가 한 마리 있어.

  ➡ _____

(2) 너희 집에는 가족이 몇 명이니?

  ➡ _____

3 알맞은 어순으로 문장을 완성하세요.

(1) 汉语老师 ｜ 瓶 ｜ 有 ｜ 可乐 ｜ 两   중국어 선생님이 콜라 두 병을 가지고 있어.

  ➡ _____

(2) 女朋友 ｜ 人 ｜ 有 ｜ 三口 ｜ 家   여자 친구네는 세 식구야.

  ➡ _____

 정답 **1.** (1) **A:** 老师家有几口人? **B:** 老师家有五口人。 (2) **A:** 你有没有弟弟? **B:** 我有两个弟弟。
     2. (1) 我家有一只小狗。 (2) 你家有几口人?   **3.** (1) 汉语老师有两瓶可乐。 (2) 女朋友家有三口人。

你今年多大?
Nǐ jīnnián duō dà?
너는 올해 몇 살이니?

✗ ✓ 나이(大) / 키(高) / 무게(重) / 거리(远) 등을 물을 때: 의문부사 '多'+형용사

문장 쓰기

你今年多大?
Nǐ jīnnián duō dà?

你今年多大?

_____

_____

_____

확장 단어 쓰기

重 zhòng 형 무겁다	重	重	重	重
叔叔 shūshu 명 아저씨	叔叔	叔叔	叔叔	叔叔

확장 문장 쓰기

네 형은 몸무게가 얼마야?

_____

아저씨는 키가 얼마예요?

_____

정답 你哥哥多重? / 叔叔多高?

我今年23岁。

Wǒ jīnnián èrshísān suì.

저는 올해 23살이에요.

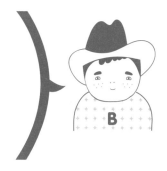

B

✓ **'의문부사 '多'+형용사'의 대답**: 숫자 뒤에 단위 '岁(살, 세)/米(미터)/公斤(킬로그램)' 등을 붙여서 대답 ➡ 이때 동사 '是'를 생략하고 대답할 수 있음

문장 쓰기

我今年 23 岁。

Wǒ jīnnián èrshísān suì.

我今年23岁。

확장 단어 쓰기

公斤 gōngjīn 양 킬로그램(kg)	公斤	公斤	公斤	公斤
米 mǐ 양 미터(m)	米	米	米	米

확장 문장 쓰기

우리 형은 몸무게가 85킬로그램이야.

아저씨는 키가 1미터86센티야.

 정답 我哥哥85公斤。／ 叔叔一米八六。

你属什么?
Nǐ shǔ shénme?
너는 무슨 띠니?

✒ ✓ 띠를 물을 때: 동사 '属(~에 속하다)'를 사용

문장
쓰기

你属什么?
Nǐ shǔ shénme?

你属什么?

확장 단어
쓰기

同屋 tóngwū 몡 룸메이트	同屋	同屋	同屋	同屋
爱人 àiren 몡 남편, 아내	爱人	爱人	爱人	爱人

확장 문장
쓰기

네 룸메이트는 무슨 띠야?

당신 남편은 무슨 띠예요?

 정답 你同屋属什么? / 你爱人属什么?

我属狗。

Wǒ shǔ gǒu.

저는 개띠예요.

✓ 띠를 묻는 말에 대답할 때: 동사 '属'+12간지 [鼠 쥐/牛 소/虎 호랑이/
兔 토끼/龙 용/蛇 뱀/马 말/羊 양/猴 원숭이/鸡 닭/狗 개/猪 돼지]

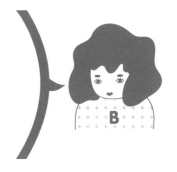

문장 쓰기

我属狗。

Wǒ shǔ gǒu.

我属狗。

확장 단어 쓰기

羊 yáng 명 양	羊	羊	羊	羊
龙 lóng 명 용	龙	龙	龙	龙

확장 문장 쓰기

내 룸메이트는 양띠야.

제 남편은 용띠예요.

 정답 我同屋属羊。 / 我爱人属龙。

1	鼠 shǔ 쥐	鼠	鼠		
2	牛 niú 소	牛	牛		
3	虎 hǔ 호랑이	虎	虎		
4	兔 tù 토끼	兔	兔		
5	龙 lóng 용	龙	龙		
6	蛇 shé 뱀	蛇	蛇		
7	马 mǎ 말	马	马		
8	羊 yáng 양	羊	羊		
9	猴 hóu 원숭이	猴	猴		
10	鸡 jī 닭	鸡	鸡		
11	狗 gǒu 개	狗	狗		
12	猪 zhū 돼지	猪	猪		

1 대화의 내용이 알맞도록 문장을 연결해보세요.

A

B

(1) 你属什么? · · 我哥哥28岁。

(2) 你哥哥多大? · · 我属狗。

2 다음에 들어갈 알맞은 문장을 넣어 회화를 완성하세요.

(1) **A** 她男朋友多高? 그녀의 남자 친구는 키가 몇이야?

B _____。 그녀의 남자 친구는 키가 1미터79센티야.

(2) **A** _____。 아빠는 무슨 띠예요?

B 爸爸属龙。 아빠는 용띠야.

3 다음 질문에 자유롭게 대답하고 직접 써보세요.

(1) 你多大? 你属什么?

➡ _____

(2) 你多高? 你多重?

➡ _____

 정답 **1.** (1) **A:** 你属什么? **B:** 我属狗。 (2) **A:** 你哥哥多大? **B:** 我哥哥28岁。
　　　　2. (1) 她男朋友1米79。 (2) 爸爸属什么?

现在**五点**吗?

Xiànzài wǔ diǎn ma?

지금 5시야?

✓ **시간을 묻는 표현:** 现在几点? (지금 몇 시예요?)
✓ **시간을 말할 때:** 큰 단위부터 차례대로 ➡ 단위는 '点 diǎn /分 fēn'을 사용

문장 쓰기

现在五点吗?

Xiànzài wǔ diǎn ma?

现在五点吗?

확장 단어 쓰기

点 diǎn 몡 시, 시각	点	点	点	点
分 fēn 양 분 (시간)	分	分	分	分

확장 문장 쓰기

지금 3시 40분이야?

지금 9시야?

 정답 现在三点四十分吗? / 现在九点吗?

现在差十分五点。

Xiànzài chà shí fēn wǔ diǎn.

지금 5시 10분 전이야.

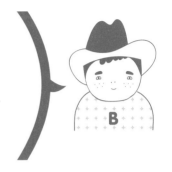

- ✓ '두 시'는 '两点 liǎng diǎn'
- ✓ 15분은 '一刻 yí kè', 45분은 '三刻 sān kè'
- ✓ 30분은 우리말처럼 '반(半 bàn)'
- ✓ '差 chà＋分＋点'은 '몇 분 전 몇 시'

문장 쓰기

现在差十分五点。
Xiànzài chà shí fēn wǔ diǎn.

现在差十分五点。

확장 단어 쓰기

一刻 yí kè 15분	一刻	一刻	一刻	一刻
差 chà 통 부족하다	差	差	差	差

확장 문장 쓰기

지금 2시 15분이야.

지금 10시 5분 전이야.

정답 现在两点一刻。 / 现在差五分十点。

你几点下班?

Nǐ jǐ diǎn xiàbān?

너는 몇 시에 퇴근해?

> ✓ 시간을 묻는 표현: 几点? (몇 시예요?)
> ✓ 동작에 대한 시간을 물을 때: 几点+동사? (몇 시에 ~을 해요?)

문장 쓰기

你几点下班?

Nǐ jǐ diǎn xiàbān?

你几点下班?

확장 단어 쓰기

| 吃饭
chīfàn 동 식사하다 | 吃饭 | 吃饭 | 吃饭 | 吃饭 |
| 起床
qǐchuáng 동 기상하다 | 起床 | 起床 | 起床 | 起床 |

확장 문장 쓰기

너 몇 시에 밥 먹어?

그녀는 몇 시에 일어나?

 정답 你几点吃饭? / 她几点起床?

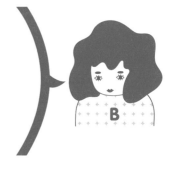
我六点半下班。

Wǒ liù diǎn bàn xiàbān.

나는 6시 반에 퇴근해.

B

✓ **동작에 대한 시간을 말할 때:** 시간+동사 (몇 시에 ~을 하다)

문장
쓰기

我六点半下班。

Wǒ liù diǎn bàn xiàbān.

我六点半下班。

확장 단어
쓰기

上班 shàngbān 동 출근하다	上班	上班	上班	上班
上课 shàngkè 동 수업하다	上课	上课	上课	上课

확장 문장
쓰기

그는 8시에 출근해.

_____

내 동생은 10시 반에 수업해.

_____

 정답 他八点上班。 / 我弟弟十点半上课。

1	**起床** qǐchuáng 기상하다	起床	起床		
2	**洗脸** xǐliǎn 세수하다	洗脸	洗脸		
3	**刷牙** shuāyá 이를 닦다	刷牙	刷牙		
4	**出发** chūfā 출발하다	出发	出发		
5	**到** dào 도착하다	到	到		
6	**开会** kāihuì 회의하다	开会	开会		
7	**聚餐** jùcān 회식하다	聚餐	聚餐		
8	**洗澡** xǐzǎo 샤워하다	洗澡	洗澡		
9	**睡觉** shuìjiào (잠을) 자다	睡觉	睡觉		
10	**开门** kāimén 개점하다	开门	开门		
11	**午休** wǔxiū 점심 휴식을 취하다	午休	午休		
12	**关门** guānmén 영업을 마치다	关门	关门		

1 대화의 내용이 알맞도록 문장을 연결해보세요.

A

B

(1) 现在两点吗? •

• 我七点一刻上班。

(2) 你几点上班? •

• 现在差五分两点。

2 다음 문장을 중국어로 완성하세요.

(1) 나는 6시 반에 일어나.

➡ _____

(2) 지금 7시 45분이야?

➡ _____

3 알맞은 어순으로 문장을 완성하세요.

(1) 现在 | 十分 | 差 | 五点   지금은 5시 10분 전이야.

➡ _____

(2) 六点 | 吃饭 | 我   나는 6시에 밥 먹어.

➡ _____

 정답 1. (1) **A:** 现在两点吗? **B:** 现在差五分两点。 (2) **A:** 你几点上班? **B:** 我七点一刻上班。
2. (1) 我六点半起床。 (2) 现在七点三刻吗? 3. (1) 现在差十分五点。 (2) 我六点吃饭。

A

今天几月几号?

Jīntiān jǐ yuè jǐ hào?

오늘이 몇 월 며칠이야?

✔ **날짜를 물을 때**: 의문대사 '几 jǐ'를 '月 yuè (월)'와 '号 hào (일)' 앞에 붙여 질문

문장
쓰기

今天几月几号?

Jīntiān jǐ yuè jǐ hào?

今天几月几号?

_____

_____

확장 단어
쓰기

今天 jīntiān 명 오늘	今天	今天	今天	今天
明天 míngtiān 명 내일	明天	明天	明天	明天

확장 문장
쓰기

오늘이 며칠이지?

_____

내일은 몇 월 며칠이야?

_____

 정답 今天几号? / 明天几月几号?

 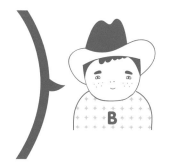
今天一月九号。

Jīntiān yī yuè jiǔ hào.

오늘은 1월 9일이야.

✓ **날짜를 읽을 때:** 큰 단위부터 차례대로 말함
✓ **'일' 읽기:** 문어체로는 '日 rì'/구어체로는 발음하기 쉬운 '号 hào'를 사용

문장 쓰기

今天一月九号。

Jīntiān yī yuè jiǔ hào.

今天一月九号。

확장 단어 쓰기

| 昨天
zuótiān 몡 어제 | 昨天 | 昨天 | 昨天 | 昨天 |
| 前天
qiántiān 몡 그제 | 前天 | 前天 | 前天 | 前天 |

확장 문장 쓰기

어제는 12월 3일이야.

그제는 2월 14일이야.

 정답 昨天十二月三号。 / 前天二月十四号。

10 날짜를 물어볼 때는? 97

那你的生日是星期六吗?

Nà nǐ de shēngrì shì xīngqīliù ma?

그럼 네 생일이 토요일이야?

A

✔ 요일을 말할 때: 월~토요일 – '星期 xīngqī / 周 zhōu'+숫자 1~6
　일요일은 星期天 xīngqītiān
✔ 요일을 물을 때: 숫자 대신 '几'를 넣어 '星期几'로 표현

문장
쓰기

那你的生日是星期六吗?

Nà nǐ de shēngrì shì xīngqīliù ma?

那你的生日是星期六吗?

확장 단어
쓰기

生日 shēngrì 명 생일	生日	生日	生日	生日
情人节 Qíngrén Jié 고유 밸런타인데이	情人节	情人节	情人节	情人节

확장 문장
쓰기

너희 엄마의 생신이 목요일이야?

밸런타인데이가 화요일이야?

 정답　你妈妈的生日是星期四吗? / 情人节是星期二吗?

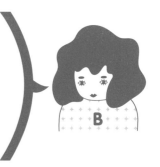

我的生日**不是**星期六，**是**星期天。

내 생일은 토요일이 아니고, 일요일이야.

Wǒ de shēngrì bú shì xīngqīliù, shì xīngqītiān.

✓ 不是A，是B (A가 아니고 B야)

문장 쓰기

我的生日不是星期六，是星期天。

Wǒ de shēngrì bú shì xīngqīliù, shì xīngqītiān.

我的生日不是星期六，是星期天。

확장 단어 쓰기

不是 búshì ~이 아니다	不是	不是	不是	不是
星期天 xīngqītiān 몡 일요일	星期天	星期天	星期天	星期天

확장 문장 쓰기

내일은 일요일이 아니고 월요일이야.

15일은 수요일이 아니고, 목요일이야.

 정답 明天不是星期天，是星期一。 / 15号不是星期三，是星期四。

1	去年 qùnián 작년	去年	去年		
2	今年 jīnnián 올해	今年	今年		
3	明年 míngnián 내년	明年	明年		
4	上个月 shàng ge yuè 지난달	上个月	上个月		
5	这个月 zhè ge yuè 이번 달	这个月	这个月		
6	下个月 xià ge yuè 다음 달	下个月	下个月		
7	上个星期 shàng ge xīngqī 지난주	上个星期	上个星期		
8	这个星期 zhè ge xīngqī 이번 주	这个星期	这个星期		
9	下个星期 xià ge xīngqī 다음 주	下个星期	下个星期		
10	昨天 zuótiān 어제	昨天	昨天		
11	今天 jīntiān 오늘	今天	今天		
12	明天 míngtiān 내일	明天	明天		

1 대화의 내용이 알맞도록 문장을 연결해보세요.

<table>
<tr><td align="center">A</td><td align="center">B</td></tr>
</table>

(1) 前天几月几号? ·

· 前天一月九号。

(2) 情人节是星期二吗? ·

· 情人节不是星期二, 是星期三。

2 다음에 들어갈 알맞은 문장을 넣어 회화를 완성하세요.

(1) **A** 昨天是星期二吗? 어제가 화요일이었어?

B _____ 。 어제는 화요일이 아니고 수요일이야.

(2) **A** _____ 。 내일은 몇 월 며칠이야?

B 明天是 8 月 7 号。 내일은 8월 7일이야.

3 다음 질문에 자유롭게 대답하고 직접 써보세요.

(1) 你的生日是几月几号?

➡ _____

(2) 你的爸爸和妈妈的生日是几月几号?

➡ _____

 정답 1. (1) A: 前天几月几号? B: 前天一月九号。 (2) A: 情人节是星期二吗? B: 情人节不是星期二, 是星期三。
2. (1) 昨天不是星期二, 是星期三。 (2) 明天几月几号?

你明天要去西单吗?

Nǐ míngtiān yào qù Xīdān ma?

너는 내일 서단에 가려고 하니?

✓ **주어의 의지를 표현하는 조동사:** 조동사 '要'+동사 (~하려고 하다)
✓ **조동사가 있는 문장의 의문문:** 문장 끝에 의문조사 '吗'를 붙임

문장
쓰기

你明天要去西单吗?

Nǐ míngtiān yào qù Xīdān ma?

你明天要去西单吗?

확장 단어
쓰기

| 去
qù 동 가다 | 去 | 去 | 去 | 去 |
| 医院
yīyuàn 명 병원 | 医院 | 医院 | 医院 | 医院 |

확장 문장
쓰기

너 병원 가려고 해?

너 영화 보려고 해?

🐕 정답 你要去医院吗? / 你要看电影吗?

我明天<mark>不想</mark>去西单。

Wǒ míngtiān bù xiǎng qù Xīdān.

나는 내일 서단에 가고 싶지 않아.

✔ 조동사 '要'의 부정형: '不想'+동사 (~하고 싶지 않다)
➡ '不要'는 '~하지 마라'의 뜻!

문장
쓰기

我明天不想去西单。

Wǒ míngtiān bù xiǎng qù Xīdān.

我明天不想去西单。

확장 단어
쓰기

| 买
mǎi 동 사다 | 买 | 买 | 买 | 买 |
| 东西
dōngxi 명 물건, 음식 | 东西 | 东西 | 东西 | 东西 |

확장 문장
쓰기

나 병원 가고 싶지 않아.

나 물건을 사고 싶지 않아.

 정답　我不想去医院。 / 我不想买东西。

那我们在哪儿见?

Nà wǒmen zài nǎr jiàn?

그럼 우리 어디에서 만날까?

✓ **행위가 일어나는 장소를 나타낼 때**: 전치사 '在'+장소명사+동사
✓ **장소를 물을 때**: 장소를 묻는 의문대사 '哪儿'을 묻고자 하는 장소 자리에 사용

문장 쓰기

那我们在哪儿见?
Nà wǒmen zài nǎr jiàn?

那我们在哪儿见?

_____

_____

_____

확장 단어 쓰기

哪儿 nǎr 의 어디	哪儿	哪儿	哪儿	哪儿
等 děng 동 기다리다	等	等	等	等

확장 문장 쓰기

우리 어디에서 밥 먹을까?

_____

우리 어디에서 그들을 기다릴까?

_____

정답 我们在哪儿吃饭? / 我们在哪儿等他们?

我们在天安门见吧。

Wǒmen zài Tiān'ānmén jiàn ba.

우리 천안문에서 만나자.

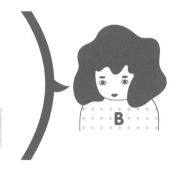

✓ **장소에 대해 답할 때**: 장소를 묻는 의문대사 '哪儿' 자리에 장소를 넣어 대답
✓ **어기조사 '吧'**: 문장 끝에 붙여서 '~하자'라고 제안/동의/권유를 나타냄

문장 쓰기

我们在天安门见吧。
Wǒmen zài Tiān'ānmén jiàn ba.

我们在天安门见吧。

확장 단어 쓰기

学校 xuéxiào 명 학교	学校	学校	学校	学校
打篮球 dǎ lánqiú 농구를 하다	打篮球	打篮球	打篮球	打篮球

확장 문장 쓰기

우리 학교에서 그들을 기다리자.

우리 학교에서 농구하자.

 정답 我们在学校等他们吧。 / 我们在学校打篮球吧。

1	广州 Guǎngzhōu 광주(광저우)	广州	广州		
2	深圳 Shēnzhèn 심천(선전)	深圳	深圳		
3	青岛 Qīngdǎo 청도(칭다오)	青岛	青岛		
4	成都 Chéngdū 성도(청두)	成都	成都		
5	杭州 Hángzhōu 항주(항저우)	杭州	杭州		
6	苏州 Sūzhōu 소주(쑤저우)	苏州	苏州		
7	大连 Dàlián 대련(따롄)	大连	大连		
8	延边 Yánbiān 연변(옌볜)	延边	延边		
9	天津 Tiānjīn 천진(톈진)	天津	天津		
10	长春 Chángchūn 장춘(창춘)	长春	长春		
11	沈阳 Shěnyáng 심양(선양)	沈阳	沈阳		
12	哈尔滨 Hā'ěrbīn 하얼빈	哈尔滨	哈尔滨		

1 대화의 내용이 알맞도록 문장을 연결해보세요.

A	B
(1) 我们在哪儿吃饭? •	• 我不想去她家。
(2) 你要在哪儿等朋友? •	• 我们在我家吃饭吧!
(3) 你要去她家吗? •	• 我要在学校等朋友。

2 다음 문장을 중국어로 완성하세요.

(1) 나 과일 사고 싶지 않아.

➡ _____

(2) 우리 어디서 친구들 만날까?

➡ _____

3 알맞은 어순으로 문장을 완성하세요.

(1) 他们 │ 我们 │ 在家 │ 等 │ 吧 우리 집에서 그들을 기다리자.

➡ _____

(2) 我 │ 音乐 │ 听 │ 不想 나는 음악 듣고 싶지 않아.

➡ _____

🐕 **정답** 1. (1) A: 我们在哪儿吃饭? B: 我们在我家吃饭吧! (2) A: 你要在哪儿等朋友? B: 我要在学校等朋友。
(3) A: 你要去她家吗? B: 我不想去她家。 2. (1) 我不想买水果。 (2) 我们在哪儿见朋友们?
3. (1) 我们在家等他们吧。 (2) 我不想听音乐。

这件衣服多少钱?

Zhè jiàn yīfu duōshao qián?

이 옷은 얼마예요?

- ✓ **물건을 가리킬 때:** 지시대사(这/那)+[수사(一)]+양사(件)+명사(衣服)
- ✓ **가격을 물어볼 때:** 多少钱? (얼마예요?)

문장 쓰기

这件衣服多少钱?

Zhè jiàn yīfu duōshao qián?

这件衣服多少钱?

확장 단어 쓰기

笔记本电脑 bǐjìběn diànnǎo 명 노트북	笔记本电脑		笔记本电脑	
书 shū 명 책	书	书	书	书

확장 문장 쓰기

이 컴퓨터 얼마예요?

_____

저 책 얼마야?

_____

정답 这台笔记本电脑多少钱? / 那本书多少钱?

三百五十块。

Sānbǎi wǔshí kuài.

350위안이에요.

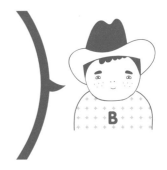

✓ **가격을 말할 때**: '숫자+중국의 화폐 명칭'의 형태로 씀
✓ **중국의 화폐 명칭**: 문어체로는 '元 yuán / 角 jiǎo', 구어체로는 '块 kuài / 毛 máo'

문장 쓰기

三百五十块。

Sānbǎi wǔshí kuài.

三百五十块。

확장 단어 쓰기

块 kuài 양 위안 [중국의 화폐단위]	块	块	块	块
毛 máo 양 마오 [중국의 화폐단위]	毛	毛	毛	毛

확장 문장 쓰기

4500위안이에요.

58.5위안이야.

 정답 四千五百块。 / 五十八块五毛。

三百块能卖吗?

Sānbǎi kuài néng mài ma?

300위안에 팔 수 있어요?

✔ 상황/이치상의 가능 여부를 표현하는 조동사: 조동사 '能 / 可以' (~할 수 있다)

문장 쓰기

三百块能卖吗?

Sānbǎi kuài néng mài ma?

三百块能卖吗?

확장 단어 쓰기

去兜风 qù dōufēng 드라이브를 가다	去兜风	去兜风	去兜风	去兜风
回国 huíguó 동 귀국하다	回国	回国	回国	回国

확장 문장 쓰기

오늘 저녁에 너 드라이브 갈 수 있어?

다음 주에 너 귀국할 수 있어?

 정답 今晚你能去兜风吗? / 下周你能回国吗?

不好意思，不能卖。

Bù hǎoyìsi, bù néng mài.

미안해요, 팔 수 없어요.

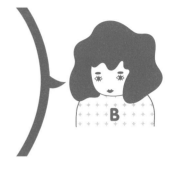

✓ 조동사 '能' / '可以'의 부정: 不能 (~할 수 없다)

문장 쓰기

不好意思，不能卖。

Bù hǎoyìsi, bù néng mài.

不好意思，不能卖。

확장 단어 쓰기

酒 jiǔ 명 술	酒	酒	酒	酒
开车 kāichē 동 운전하다	开车	开车	开车	开车

확장 문장 쓰기

오늘 저녁에 나 술 마실 수 없어.

오늘 나 운전할 수 없어.

 정답 今晚我不能喝酒。 / 今天我不能开车。

1	一百块 yìbǎi kuài 100위안	一百块	一百块		
2	五十块 wǔshí kuài 50위안	五十块	五十块		
3	二十块 èrshí kuài 20위안	二十块	二十块		
4	十块 shí kuài 10위안	十块	十块		
5	五块 wǔ kuài 5위안	五块	五块		
6	一块 yí kuài 1위안	一块	一块		
7	五毛 wǔ máo 0.5위안	五毛	五毛		
8	两毛 liǎng máo 0.2위안	两毛	两毛		
9	一毛 yì máo 0.1위안	一毛	一毛		

1 대화의 내용이 알맞도록 문장을 연결해보세요.

A   B

(1) 这台笔记本电脑多少钱?   •   •   不好意思，不能送你。

(2) 今晚你能送我吗?   •   •   不好意思，不能卖。

(3) 七千三百能卖吗?   •   •   七千三百块。

2 다음에 들어갈 알맞은 문장을 넣어 회화를 완성하세요.

(1) **A** 这朵玫瑰花多少钱?   이 장미 얼마예요?

　　 B _____。   12위안이에요.

(2) **A** _____。   내일 너 귀국할 수 있어?

　　 B 明天晚上我能回国。   내일 저녁 귀국할 수 있어.

3 다음 질문에 자유롭게 대답하고 직접 써보세요.

(1) 你的衣服多少钱?

　　➡ _____

(2) 你的汉语书多少钱?

　　➡ _____

정답　**1.** (1) **A:** 这台笔记本电脑多少钱?　**B:** 七千三百块。　(2) **A:** 今晚你能送我吗?　**B:** 不好意思，不能送你。
(3) **A:** 七千三百能卖吗?　**B:** 不好意思，不能卖。　**2.** (1) 十二块。　(2) 明天你能回国吗?

现在**外面**冷吗?

Xiànzài wàimiàn lěng ma?

지금 밖에 추워?

✦ ✓ **장소명사의 위치**: 단독으로 주어 자리에 올 수 있음

문장 쓰기

现在外面冷吗?

Xiànzài wàimiàn lěng ma?

现在外面冷吗?

확장 단어 쓰기

| **热**
rè 형 덥다 | 热 | 热 | 热 | 热 |
| **黑**
hēi 형 어둡다 | 黑 | 黑 | 黑 | 黑 |

확장 문장 쓰기

밖에 더워?

지금 밖에 어두워?

 정답   外面热吗? / 现在外面黑吗?

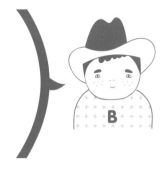

现在有点儿冷，风很大。

Xiànzài yǒudiǎnr lěng, fēng hěn dà.

지금 조금 추워, 바람이 세.

> ✓ 정도를 나타내는 부사: 有点儿 (좀 ~하다) [불만스러운 심리를 표현]
> ➡ '(객관적으로) 좀 ~하다'는 '比较 bǐjiào'를 사용

 문장
쓰기

现在有点儿冷，风很大。

Xiànzài yǒudiǎnr lěng, fēng hěn dà.

현在有点儿冷，风很大。

 확장 단어
쓰기

矮 ǎi 형 (키가) 작다	矮	矮	矮	矮
辣 là 형 맵다	辣	辣	辣	辣

 확장 문장
쓰기

그녀는 키가 좀 작다.

음식이 좀 매워.

🐶 정답　她有点儿矮。/ 菜有点儿辣。

你**为什么**带雨伞?

Nǐ wèishénme dài yǔsǎn?

너는 왜 우산을 챙겨?

✔ **구체적인 원인을 묻는 의문대사:** 의문대사 '为什么'(왜, 어째서)

문장 쓰기

你为什么带雨伞?

Nǐ wèishénme dài yǔsǎn?

你为什么带雨伞?

확장 단어 쓰기

手套 shǒutào 몡 장갑	手套	手套	手套	手套
车 chē 몡 차	车	车	车	车

확장 문장 쓰기

너 왜 장갑을 가져가?

너 왜 네 차를 파는 거야?

🐕 정답 你为什么带手套? / 你为什么卖你的车?

外面正在下雨呢。

Wàimiàn zhèngzài xiàyǔ ne.

밖에 비가 내리고 있어.

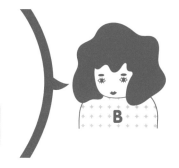

- ✔ **진행형**: 주어+부사 '正在'+동사+(문장 끝에 '呢').
- ✔ **진행의 부정형**: '呢' 없이 '没在 méi zài'+동사 [단답형으로 '没有'도 가능]

 문장 쓰기

外面正在下雨呢。

Wàimiàn zhèngzài xiàyǔ ne.

外面正在下雨呢。

 확장 단어 쓰기

下雪 xiàxuě 동 눈이 내리다	下雪	下雪	下雪	下雪
洗脸 xǐliǎn 동 세수하다	洗脸	洗脸	洗脸	洗脸

 확장 문장 쓰기

지금 밖에 눈이 내리고 있어.

그는 지금 세수하고 있어.

 정답   现在外面正在下雪呢。 / 他正在洗脸呢。

13 날씨를 물어볼 때는?   117

1	天气预报 tiānqì yùbào 일기예보	天气预报	天气预报		
2	气温 qìwēn 기온	气温	气温		
3	打雷 dǎléi 천둥	打雷	打雷		
4	霜 shuāng 서리	霜	霜		
5	雾 wù 안개	雾	雾		
6	闪电 shǎndiàn 번개	闪电	闪电		
7	雹子 báozi 우박	雹子	雹子		
8	晴 qíng 맑다	晴	晴		
9	阴 yīn 흐리다	阴	阴		
10	下雨 xiàyǔ 비가 내리다	下雨	下雨		
11	下雪 xiàxuě 눈이 내리다	下雪	下雪		
12	刮风 guāfēng 바람이 불다	刮风	刮风		

1 대화의 내용이 알맞도록 문장을 연결해보세요.

A		B
(1) 你为什么带手套?	•	• 妈妈正在洗碗。
(2) 现在外面凉快吗?	•	• 现在有点儿凉快，有风。
(3) 妈妈正在做什么?	•	• 外面正在下雪呢。

2 다음 문장을 중국어로 완성하세요.

(1) 나 지금 세수하고 있어.

➡ _____

(2) 기차역은 조금 멀어. (부정적 의미)

➡ _____

3 알맞은 어순으로 문장을 완성하세요.

(1) 菜 | 辣 | 有点儿   음식이 조금 매워. (부정적 의미)

➡ _____

(2) 下雨 | 正在 | 外面 | 呢   밖에 비가 오고 있어.

➡ _____

정답 **1.** (1) **A:** 你为什么带手套? **B:** 外面正在下雪呢。 (2) **A:** 现在外面凉快吗? **B:** 现在有点儿凉快，有风。
(3) **A:** 妈妈正在做什么? **B:** 妈妈正在洗碗。
2. (1) 我正在洗脸呢。 (2) 火车站有点儿远。 **3.** (1) 菜有点儿辣。 (2) 外面正在下雨呢。

请问，医院离这儿远吗？

Qǐngwèn, yīyuàn lí zhèr yuǎn ma?

실례지만, 병원이 여기서 먼가요?

✔ **거리의 표현:** 离+장소+远/近 (~에서부터 멀다/가깝다)

문장 쓰기

请问，医院离这儿远吗？

Qǐngwèn, yīyuàn lí zhèr yuǎn ma?

请问，医院离这儿远吗？

확장 단어 쓰기

公园 gōngyuán 명 공원	公园	公园	公园	公园
机场 jīchǎng 명 공항	机场	机场	机场	机场

확장 문장 쓰기

공원이 너희 집에서 멀어?

_____

공항이 여기에서 가까워?

_____

 정답 公园离你家远吗？ / 机场离这儿近吗？

非常远，你坐公交车去吧。

Fēicháng yuǎn, nǐ zuò gōngjiāochē qù ba.

아주 멀어요, 버스를 타고 가세요.

✓ **연동문(连动句):** 하나의 주어에 동사가 두 개 이상 오는 문장
  ➡ 동사의 어순: 발생 순서대로 / 의미: 목적 혹은 방식을 나타냄

 문장 쓰기

非常远，你坐公交车去吧。

Fēicháng yuǎn, nǐ zuò gōngjiāochē qù ba.

非常远，你坐公交车去吧。

 확장 단어 쓰기

地铁 dìtiě 몡 지하철	地铁	地铁	地铁	地铁
飞机 fēijī 몡 비행기	飞机	飞机	飞机	飞机

 확장 문장 쓰기

너 지하철 타고 가.

우리 비행기 타고 가죠.

 정답 你坐地铁去吧。 / 我们坐飞机去吧。

车站怎么走?
Chēzhàn zěnme zǒu?

정류장은 어떻게 가요?

✓ 방식을 묻는 의문대사: 의문대사 '怎么' + 동사 (어떻게 ~하나요?)

문장 쓰기

车站怎么走?
Chēzhàn zěnme zǒu?

车站怎么走?

확장 단어 쓰기

| 火车站
huǒchēzhàn
명 기차역 | 火车站 | 火车站 | 火车站 |
| 百货商店
bǎihuòshāngdiàn
명 백화점 | 百货商店 | 百货商店 | 百货商店 |

확장 문장 쓰기

기차역 어떻게 가?

_____

백화점 어떻게 가?

_____

 정답 火车站怎么走? / 百货商店怎么走?

往前走，往右拐，过十字路口就到。

직진해서, 우회전하면,

사거리 건너 바로 도착해요.

Wǎng qián zǒu, wǎng yòu guǎi, guò shízì lùkǒu jiù dào.

- ✓ **동작의 방향을 나타낼 때:** 전치사 '往'+방위사 (~쪽으로)
- ✓ **연결부사 '就':** 앞의 행위 뒤에 바로 다음 행위가 이어짐을 나타냄

문장 쓰기

往前走，往右拐，过十字路口就到。

Wǎng qián zǒu, wǎng yòu guǎi, guò shízì lùkǒu jiù dào.

往前走，往右拐，过十字路口就到。

확장 단어 쓰기

红绿灯 hónglǜdēng 몡 신호등	红绿灯	红绿灯	红绿灯	红绿灯
马路 mǎlù 몡 도로	马路	马路	马路	马路

확장 문장 쓰기

직진해서 좌회전하면, 신호등 건너 바로 도착해.

우회전해서 도로를 건너면 바로 도착해.

 정답　往前走，往左拐，过红绿灯就到。/ 往右拐，过马路就到。

1	电影院 diànyǐngyuàn 영화관	电影院	电影院	
2	图书馆 túshūguǎn 도서관	图书馆	图书馆	
3	百货商店 bǎihuòshāngdiàn 백화점	百货商店	百货商店	
4	博物馆 bówùguǎn 박물관	博物馆	博物馆	
5	酒吧 jiǔbā 술집	酒吧	酒吧	
6	便利店 biànlìdiàn 편의점	便利店	便利店	
7	网吧 wǎngbā PC방	网吧	网吧	
8	游泳馆 yóuyǒngguǎn 수영장	游泳馆	游泳馆	
9	俱乐部 jùlèbù 클럽	俱乐部	俱乐部	
10	医院 yīyuàn 병원	医院	医院	
11	夜市 yèshì 야시장	夜市	夜市	
12	药店 yàodiàn 약국	药店	药店	

1 대화의 내용이 알맞도록 문장을 연결해보세요.

A	B
(1) 首尔大学离这儿近吗?	很远，你坐地铁去吧。
(2) 地铁站怎么走?	很近，往右拐，就到。
(3) 医院离这儿远吗?	往右拐，过马路就到。

2 다음에 들어갈 알맞은 문장을 넣어 회화를 완성하세요.

(1) **A** 汉江公园离这儿近吗?　　한강공원이 여기에서 가까워?

　　 B _____。　　가까워, 우회전해서 사거리 지나면 도착해.

(2) **A** _____。　　백화점 어떻게 가?

　　 B 非常近，你骑自行车去吧。　　매우 가까워, 너 자전거 타고 가.

3 다음 질문에 자유롭게 대답하고 직접 써보세요.

(1) 你公司(学校)离你家近吗? 你公司(学校)怎么走?

　　➡ _____

(2) 你朋友家离公司(学校)远吗? 你朋友家怎么走?

　　➡ _____

喂，你爱人在家吗？

Wéi, nǐ àiren zài jiā ma?

여보세요, 당신 남편은 집에 있나요?

> ✓ 특정한 사람/사물/장소의 위치를 말할 때: 동사 '在'＋장소/방위사 (~에 있다)

문장 쓰기

喂，你爱人在家吗？

Wéi, nǐ àiren zài jiā ma?

喂，你爱人在家吗？

확장 단어 쓰기

办公室 bàngōngshì 명 사무실	办公室	办公室	办公室	办公室
超市 chāoshì 명 슈퍼마켓	超市	超市	超市	超市

확장 문장 쓰기

너희 엄마는 사무실에 계셔?

_____

아빠는 슈퍼마켓에 계셔?

_____

 정답 你妈妈在办公室吗？ / 爸爸在超市吗？

不好意思，他不在家，在公司。

Bù hǎoyìsi, tā bú zài jiā, zài gōngsī.

죄송하지만, 그는 집에 없고, 회사에 있어요.

✔ 동사 '在'+방위사의 부정형: '不在'를 사용

문장 쓰기

不好意思，他不在家，在公司。
Bù hǎoyìsi, tā bú zài jiā, zài gōngsī.

不好意思，他不在家，在公司。

확장 단어 쓰기

健身房 jiànshēnfáng 몡 헬스클럽	健身房	健身房	健身房	健身房
酒吧 jiǔbā 몡 술집, 바	酒吧	酒吧	酒吧	酒吧

확장 문장 쓰기

그녀는 헬스클럽에 있는 게 아니라 술집에 있어.

그들은 사무실에 있는 게 아니라 커피숍에 있어.

 정답　她不在健身房，在酒吧。/ 他们不在办公室，在咖啡厅。

他什么时候回家?
Tā shénme shíhou huíjiā?

그는 언제 집에 돌아와요?

✓ **시간을 묻는 의문대사:** 의문대사 '什么时候' (언제)
➡ 대답은 '什么时候'의 자리에 시간을 넣어 대답

문장
쓰기

他什么时候回家?
Tā shénme shíhou huíjiā?

他什么时候回家?

확장 단어
쓰기

| 出差
chūchāi 동 출장하다 | 出差 | 出差 | 出差 | 出差 |
| 毕业
bìyè 동 졸업하다 | 毕业 | 毕业 | 毕业 | 毕业 |

확장 문장
쓰기

그는 언제 출장 가?

너는 언제 졸업해?

정답 他什么时候出差? / 你什么时候毕业?

我不知道，你给他打电话吧。

Wǒ bù zhīdào, nǐ gěi tā dǎ diànhuà ba.

저는 몰라요, 그에게 전화해 보세요.

✓ 누군가에게 선물/전화/문자/메일 등을 보낼 때: 전치사 '给'+수혜자 (~에게 ~을 하다)

문장 쓰기

我 不 知 道，你 给 他 打 电 话 吧。

Wǒ bù zhīdào, nǐ gěi tā dǎ diànhuà ba.

我 不 知 道，你 给 他 打 电 话 吧。

확장 단어 쓰기

发短信 fā duǎnxìn 문자메시지를 보내다	发短信	发短信	发短信	发短信
礼物 lǐwù 명 선물	礼物	礼物	礼物	礼物

확장 문장 쓰기

네가 그에게 문자를 보내봐.

네가 그녀에게 선물을 사줘.

 정답 你给他发短信吧。 / 你给她买礼物吧。

1	**警察局** jǐngchájú 경찰서	警察局	警察局		
2	**消防局** xiāofángjú 소방서	消防局	消防局		
3	**急救室** jíjiùshì 응급실	急救室	急救室		
4	**查号台** cháhàotái 전화번호 안내 센터	查号台	查号台		
5	**空号** kōnghào 결번	空号	空号		
6	**欠费** qiànfèi 요금 부족	欠费	欠费		
7	**关机** guānjī 휴대전화를 끄다	关机	关机		
8	**留言** liúyán 메시지를 남기다	留言	留言		
9	**占线** zhànxiàn 통화 중이다	占线	占线		
10	**按** àn (손이나 손가락 등으로) 누르다	按	按		
11	**停机** tíngjī 통화 서비스를 정지하다	停机	停机		
12	**拨** bō (전화를) 걸다	拨	拨		

1 대화의 내용이 알맞도록 문장을 연결해보세요.

A		B
(1) 他什么时候过生日?	· ·	他不在健身房，在酒吧。
(2) 你姐姐在家吗?	· ·	她不在家，在学校。
(3) 你哥哥在健身房吗?	· ·	他昨天过生日。

2 다음 문장을 중국어로 완성하세요.

(1) 너 언제 시간 있어?

➡ _____

(2) 죄송합니다. 그녀는 사무실에 있지 않고 커피숍에 있어요.

➡ _____

3 알맞은 어순으로 문장을 완성하세요.

(1) 她 | 宿舍 | 不在 | 超市 | 在   그녀는 기숙사에 없고 슈퍼마켓에 있어.

➡ _____

(2) 发邮件 | 给 | 你 | 吧 | 他   네가 그에게 메일을 보내봐.

➡ _____

정답 1. (1) A: 他什么时候过生日?　B: 他昨天过生日。 (2) A: 你姐姐在家吗?　B: 她不在家，在学校。
(3) A: 你哥哥在健身房吗?　B: 他不在健身房，在酒吧。
2. (1) 你什么时候有空儿? (2) 不好意思，她不在办公室，在咖啡厅。
3. (1) 她不在宿舍，在超市。 (2) 你给他发邮件吧。

你会开车吗?

Nǐ huì kāichē ma?

너는 운전할 줄 알아?

✓ 할 줄 안다는 것을 표현하는 조동사: 조동사 '会'+동사 ([배워서] ~할 줄 알다)
→ **의문 형태**: 문장 끝에 의문조사 '吗' / 정반의문문은 '会不会 huì bu huì'

문장 쓰기

你会开车吗?

Nǐ huì kāichē ma?

你会开车吗?

확장 단어 쓰기

游泳 yóuyǒng 동 수영하다	游泳	游泳	游泳	游泳
跳舞 tiàowǔ 동 춤을 추다	跳舞	跳舞	跳舞	跳舞

확장 문장 쓰기

너 수영할 줄 알아? [정반의문문]

그 여자는 춤 출 줄 알아?

🐺 **정답** 你会不会游泳? / 她会跳舞吗?

我当然会开车。

Wǒ dāngrán huì kāichē.

나는 당연히 운전할 줄 알지.

✔ 조동사 '会'의 부정형: '不会 bú huì'

문장 쓰기

我当然会开车。

Wǒ dāngrán huì kāichē.

我当然会开车。

확장 단어 쓰기

唱 chàng 동 노래하다	唱	唱	唱	唱
弹吉他 tán jítā 기타를 치다	弹吉他	弹吉他	弹吉他	弹吉他

확장 문장 쓰기

나는 첨밀밀 부를 줄 알아. [첨밀밀: 甜蜜蜜]

그 사람 기타 칠 줄 몰라.

 정답 　我会唱《甜蜜蜜》。 / 他不会弹吉他。

你学**了多长时间**？

Nǐ xué le duō cháng shíjiān?

너는 얼마나 배웠어?

✓ **시량보어(时量补语):** 어떤 행위를 지속한 시간을 가리키는 보어
✓ **동작의 완성을 표현할 때:** 동사＋동태조사 '了'＋시량보어

문장
쓰기

你学了多长时间？
Nǐ xué le duō cháng shíjiān?

你学了多长时间？

확장 단어
쓰기

睡 shuì 동 (잠을) 자다	睡	睡	睡	睡
工作 gōngzuò 동 일하다	工作	工作	工作	工作

확장 문장
쓰기

네 남동생은 얼마나 잤어?

_____

그는 얼마나 일했어?

_____

정답 你弟弟睡了多长时间？ / 他工作了多长时间？

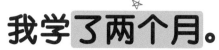

我学了两个月。

Wǒ xué le liǎng ge yuè.

나는 두 달 (동안) 배웠어.

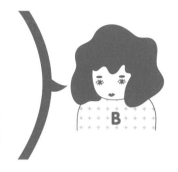

✓ **시량보어 문장의 어순:** 주어＋동사＋동태조사 '了'＋시량보어＋목적어
✓ **시량보어의 형태:** 수사＋양사＋시간의 단위 [시간의 단위마다 양사에 주의!]

문장 쓰기

我学了两个月。

Wǒ xué le liǎng ge yuè.

我学了两个月。

확장 단어 쓰기

跑 pǎo 동 뛰다	跑	跑	跑	跑
谈恋爱 tán liàn'ài 연애하다	谈恋爱	谈恋爱	谈恋爱	谈恋爱

확장 문장 쓰기

그는 세 시간 뛰었어.

_____

나 6개월 연애했어.

_____

 정답 他跑了三个小时。 / 我谈了六个月恋爱。

1	**弹吉他** tán jítā 기타를 치다	弹吉他	弹吉他	
2	**弹钢琴** tán gāngqín 피아노를 치다	弹钢琴	弹钢琴	
3	**钓鱼** diàoyú 낚시하다	钓鱼	钓鱼	
4	**下棋** xiàqí 장기를 두다	下棋	下棋	
5	**画画儿** huà huàr 그림을 그리다	画画儿	画画儿	
6	**踢足球** tī zúqiú 축구를 하다	踢足球	踢足球	
7	**书法** shūfǎ 서예	书法	书法	
8	**瑜伽** yújiā 요가	瑜伽	瑜伽	
9	**拉大提琴** lā dàtíqín 첼로를 켜다	拉大提琴	拉大提琴	
10	**游泳** yóuyǒng 수영하다	游泳	游泳	
11	**做菜** zuòcài 요리를 하다	做菜	做菜	
12	**滑雪** huáxuě 스키를 타다	滑雪	滑雪	

1 대화의 내용이 알맞도록 문장을 연결해보세요.

A   B

(1) 你等了多长时间?   •   •   他不会做中国菜。

(2) 他会做中国菜吗?   •   •   我等了十分钟。

(3) 你会说英语吗?   •   •   我当然会说英语。

2 다음에 들어갈 알맞은 문장을 넣어 회화를 완성하세요.

(1) **A** 你工作了多长时间?   너 몇 시간 일했어?

     B _____。   나 3시간 일했어.

(2) **A** _____。   그는 몇 년간 택시운전을 했어?

     B 他开了十年出租车。   그는 10년간 택시운전을 했어.

3 다음 질문에 자유롭게 대답하고 직접 써보세요.

(1) 你会做什么运动? 你做了多长时间运动?

  ➡ _____

(2) 你有男(女)朋友吗? 你谈了多长时间恋爱?

  ➡ _____

정답 **1.** (1) **A:** 你等了多长时间? **B:** 我等了十分钟。 (2) **A:** 他会做中国菜吗? **B:** 他不会做中国菜。
    (3) **A:** 你会说英语吗? **B:** 我当然会说英语。
  2. (1) 我工作了三个小时。 (2) 他开了几年出租车?

你约她了吗?

Nǐ yuē tā le ma?

너는 그녀와 약속했어?

✓ 문장 끝에 어기조사 '了'①: '~했다' [어떤 행위가 이미 일어났다는 것을 나타냄]
✓ '了'가 들어간 문장의 의문문: ① 문장 끝에 '吗' ② 정반의문문은 문장 끝에 '没有'

문장 쓰기

你约她了吗?

Nǐ yuē tā le ma?

你约她了吗?

확장 단어 쓰기

作业 zuòyè 명 숙제	作业	作业	作业	作业
结婚 jiéhūn 동 결혼하다	结婚	结婚	结婚	结婚

확장 문장 쓰기

너 숙제 했어?

네 언니(누나)는 결혼했어?

정답 你做作业了吗? / 你姐姐结婚了吗?

早就约了。

Zǎojiù yuē le.

진작에 약속했지

- ✓ 문장 끝에 어기조사 '**了**'②: 반복적이 아닌 단순한 일회성 동작을 했을 때 씀
- ✓ '**了**'가 들어간 문장의 부정형: '**没**+동사' 형태로 쓰고, 문장 끝에 '**了**'는 뺌

문장 쓰기

早就约了。

Zǎojiù yuē le.

早就约了。

확장 단어 쓰기

忘 wàng 통 잊다	忘	忘	忘	忘
放假 fàngjià 통 방학하다	放假	放假	放假	放假

확장 문장 쓰기

나 벌써 잊었어.

우리 벌써 방학했어.

🐕 **정답** 我早就忘了。 / 我们早就放假了。

17 약속에 갈 때는?　**139**

你为什么**不开车去**?

Nǐ wèishénme bù kāichē qù?

너는 왜 운전해서 안 가고?

✔ **연동문(连动句):** 하나의 주어에 동사가 두 개 이상 오는 문장
→ 동사의 어순: 발생 순서대로 / 의미: 목적 혹은 방식을 나타냄

문장 쓰기

你为什么不开车去?

Nǐ wèishénme bù kāichē qù?

你为什么不开车去?

확장 단어 쓰기

打车 dǎchē 동 택시를 타다	打车	打车	打车	打车
参加 cānjiā 동 참가하다	参加	参加	参加	参加

확장 문장 쓰기

너 왜 택시 타고 안 가고?

_____

그녀는 왜 참가하러 안 오고?

_____

정답 你为什么不打车去? / 她为什么不来参加?

我的车撞坏了。

Wǒ de chē zhuàng huài le.

내 차 부딪쳐서 고장 났어.

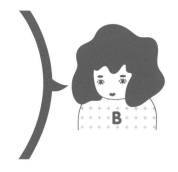

✓ **결과보어(结果补语):** 행위와 그 결과를 동시에 나타내는 보어
✓ **결과보어의 형태:** 동사+결과보어 (~했는데 결과가 이러하다)

문장 쓰기

我的车撞坏了。

Wǒ de chē zhuàng huài le.

我的车撞坏了。

확장 단어 쓰기

花光 huā guāng 전부 써버리다	花光	花光	花光	花光
听懂 tīng dǒng 알아듣다	听懂	听懂	听懂	听懂

확장 문장 쓰기

그녀는 돈을 전부 써버렸어.

나 못 알아들었어.

 정답   她的钱花光了。 / 我没听懂。

1	飞机 fēijī 비행기	飞机	飞机		
2	船 chuán 배	船	船		
3	火车 huǒchē 기차	火车	火车		
4	地铁 dìtiě 지하철	地铁	地铁		
5	出租车 chūzūchē 택시	出租车	出租车		
6	摩托车 mótuōchē 오토바이	摩托车	摩托车		
7	自行车 zìxíngchē 자전거	自行车	自行车		
8	公交车 gōngjiāochē 버스	公交车	公交车		
9	三轮车 sānlúnchē 삼륜차	三轮车	三轮车		
10	机场巴士 jīchǎng bāshì 공항 버스	机场巴士	机场巴士		
11	电动车 diàndòngchē 전동차	电动车	电动车		
12	卡车 kǎchē 트럭	卡车	卡车		

1 대화의 내용이 알맞도록 문장을 연결해보세요.

A	B
(1) 他为什么不开车去? ·	· 我买电影票了。
(2) 你下班了吗? ·	· 他的车撞坏了。
(3) 你买电影票了吗? ·	· 我早就下班了。

2 다음 문장을 중국어로 완성하세요.

(1) 너 왜 우리 집에 놀러 안 와?

➡ _____

(2) 나 다 먹지 않았어.

➡ _____

3 알맞은 어순으로 문장을 완성하세요.

(1) 放假 | 早就 | 了 | 我们   우리 벌써 방학했어.

➡ _____

(2) 花光 | 我的 | 了 | 钱   내 돈 다 썼어.

➡ _____

 정답 **1.** (1) A: 他为什么不开车去? B: 他的车撞坏了。 (2) A: 你下班了吗? B: 我早就下班了。
(3) A: 你买电影票了吗? B: 我买电影票了。
2. (1) 你为什么不来我家玩儿? (2) 我没吃完。 **3.** (1) 我们早就放假了。 (2) 我的钱花光了。

你谈过恋爱吗?

Nǐ tán guo liàn'ài ma?

너는 연애해 본 적이 있어?

✔ 과거의 경험을 나타낼 때: 동사+동태조사 '过'+목적어 (~해 본 적이 있다)

문장
쓰기

你谈过恋爱吗?

Nǐ tán guo liàn'ài ma?

你谈过恋爱吗?

확장 단어
쓰기

羊肉串 yángròuchuàn 몡 양꼬치	羊肉串	羊肉串	羊肉串	羊肉串
烫头发 tàng tóufà 파마하다	烫头发	烫头发	烫头发	烫头发

확장 문장
쓰기

너 양꼬치 먹어봤어?

그 여자는 (머리카락) 파마해 봤어?

정답 你吃过羊肉串吗? / 她烫过头发吗?

我没谈过恋爱。

Wǒ méi tán guo liàn'ài.

나는 연애해 본 적이 없어.

✓ **과거의 경험의 부정형**: '没'＋동사＋동태조사 '过' (~해 본 적이 없다)

문장 쓰기

我没谈过恋爱。

Wǒ méi tán guo liàn'ài.

我没谈过恋爱。

확장 단어 쓰기

| 过山车 guòshānchē 몡 롤러코스터 | 过山车 | 过山车 | 过山车 | 过山车 |
| 清酒 qīngjiǔ 몡 청주 | 清酒 | 清酒 | 清酒 | 清酒 |

확장 문장 쓰기

나는 롤러코스터 안 타봤어.

나 청주 안 마셔봤어.

 정답 我没玩儿过过山车。 / 我没喝过清酒。

你想找女朋友吗?

Nǐ xiǎng zhǎo nǚpéngyou ma?

너는 여자 친구를 찾고(사귀고) 싶어?

✓ 주어의 바람을 표현하는 조동사: 조동사 '想'+동사 (~하고 싶다)
✓ 조동사 '想'의 의문문: ① 문장 끝에 '吗' ② 정반의문문은 '想不想+동사'

문장
쓰기

你想找女朋友吗?

Nǐ xiǎng zhǎo nǚpéngyou ma?

你想找女朋友吗?

확장 단어
쓰기

电视剧 diànshìjù 몡 드라마	电视剧	电视剧	电视剧	电视剧
换 huàn 동 바꾸다	换	换	换	换

확장 문장
쓰기

너 드라마 보고 싶어?

너 휴대전화 바꾸고 싶어? [정반의문문]

 정답 你想看电视剧吗? / 你想不想换手机?

当然，我想找漂亮的女朋友。

Dāngrán, wǒ xiǎng zhǎo piàoliang de nǚpéngyou.

당연하지, 나는 예쁜 여자 친구를 찾고(사귀고) 싶어.

✓ 조동사 '想'의 부정: '不想' (~하고 싶지 않다)
✓ 2음절 이상의 형용사 또는 정도부사가 있는 형용사가 명사를 수식할 때:
  형용사+'的'+명사

문장 쓰기

当然，我想找漂亮的女朋友。

Dāngrán, wǒ xiǎng zhǎo piàoliang de nǚpéngyou.

当然，我想找漂亮的女朋友。

확장 단어 쓰기

便宜 piányi 형 싸다	便宜	便宜	便宜	便宜
风景 fēngjǐng 명 풍경	风景	风景	风景	风景

확장 문장 쓰기

나 저렴한 휴대전화로 바꾸고 싶어.

난 아름다운 풍경을 보고 싶어.

 정답　我想换便宜的手机。 / 我想看美丽的风景。

1	**帅** shuài 멋지다	帅	帅		
2	**可爱** kě'ài 귀엽다	可爱	可爱		
3	**漂亮** piàoliang 예쁘다	漂亮	漂亮		
4	**胖** pàng 뚱뚱하다	胖	胖		
5	**瘦** shòu 마르다	瘦	瘦		
6	**苗条** miáotiao 날씬하다	苗条	苗条		
7	**善良** shànliáng 착하다	善良	善良		
8	**开朗** kāilǎng 명랑하다	开朗	开朗		
9	**幽默** yōumò 유머러스하다	幽默	幽默		
10	**懒惰** lǎnduò 게으르다	懒惰	懒惰		
11	**内向** nèixiàng 내성적이다	内向	内向		
12	**固执** gùzhi 고집스럽다	固执	固执		

1 대화의 내용이 알맞도록 문장을 연결해보세요.

A   B

(1) 你想休息吗?   •   •   他没去过济州岛。

(2) 他去过济州岛吗?   •   •   我想看有意思的电影。

(3) 你想看什么电影?   •   •   我不想休息。

2 다음에 들어갈 알맞은 문장을 넣어 회화를 완성하세요.

(1) **A** 你烫过头发吗?   너 파마해 본 적 있어?

   B _____。   나 파마해 본 적 없어. 파마해 보고 싶어.

(2) **A** _____。   너 뭐 하고 싶어?

   B 我想看美丽的风景。   나 아름다운 풍경을 보고 싶어.

3 다음 질문에 자유롭게 대답하고 직접 써보세요.

(1) 你想不想换你的智能手机? 你要换什么样的手机?

   ➡ _____

(2) 你去过北京吗? 你想去中国的哪个地方?

   ➡ _____

 정답 1. (1) A: 你想休息吗? B: 我不想休息。 (2) A: 他去过济州岛吗? B: 他没去过济州岛。
   (3) A: 你想看什么电影? B: 我想看有意思的电影。
   2. (1) 我没烫过头发。我想烫头发。 (2) 你想做什么?

你看，她长得太漂亮了!

Nǐ kàn, tā zhǎng de tài piàoliang le!

너 봐봐, 그녀는 정말 예쁘게 생겼어!

✓ **정도보어(程度补语):** 행위를 하는 데 어떻게(얼마나) 하는지 등의 정도를 표현
✓ **정도보어 문장의 형태:** 동사+구조조사 '得'+정도보어

문장 쓰기

你看，她长得太漂亮了!

Nǐ kàn, tā zhǎng de tài piàoliang le!

你看，她长得太漂亮了!

확장 단어 쓰기

考 kǎo 동 (시험을) 치다	考	考	考	考
说 shuō 동 말하다	说	说	说	说

확장 문장 쓰기

그는 시험을 매우 잘 봤어.

그녀는 말을 매우 빨리 해.

 정답 他考得太好了。 / 她说得太快了。

你想**要**她的手机号码吗?

Nǐ xiǎng yào tā de shǒujī hàomǎ ma?

너는 그녀의 휴대전화 번호를 알고 싶어?

✓ **동사 '要'**: '원하다'의 뜻
→ 조동사 '要'+동사 / 동사 '要'+목적어

문장 쓰기

你想要她的手机号码吗?

Nǐ xiǎng yào tā de shǒujī hàomǎ ma?

你想要她的手机号码吗?

확장 단어 쓰기

名牌 míngpái 명 유명 브랜드	名牌	名牌	名牌	名牌
手表 shǒubiǎo 명 손목시계	手表	手表	手表	手表

확장 문장 쓰기

너 유명 브랜드의 차 갖고 싶어?

나 명품 손목시계 갖고 싶어.

 정답 你想要名牌车吗? / 我想要名牌手表。

你穿得真帅，有约会吗？

Nǐ chuān de zhēn shuài, yǒu yuēhuì ma?

너 멋지게 차려입었다, 데이트 있어?

✓ 정도보어 문장의 부정형: 동사+구조조사 '得'+'不'+정도보어

문장
쓰기

你穿得真帅，有约会吗？

Nǐ chuān de zhēn shuài, yǒu yuēhuì ma?

你穿得真帅，有约会吗？

확장 단어
쓰기

好吃 hǎochī 혱 맛있다	好吃	好吃	好吃	好吃
好听 hǎotīng 혱 듣기 좋다	好听	好听	好听	好听

확장 문장
쓰기

나는 (요리를) 별로 맛있지 않게 만들어.

그의 노래는 듣기가 좋지 않아.

 정답 我做得不太好吃。/ 他唱得不好听。

我约她了，
我们已经见了两次。

Wǒ yuē tā le, wǒmen yǐjīng jiàn le liǎng cì.

나는 그녀와 약속이 있어, 우린 이미 두 번 만났어.

✓ **동량보어(动量补语)의 형태:** 동사+동량사(动量词)+목적어 ➡ 동작의 횟수

 문장 쓰기

我约她了，我们已经见了两次。
Wǒ yuē tā le, wǒmen yǐjīng jiàn le liǎng cì.

我约她了，我们已经见了两次。

 확장 단어 쓰기

| 游乐场
yóulèchǎng 명 유원지 | 游乐场 | 游乐场 | 游乐场 | 游乐场 |
| 船
chuán 명 배 | 船 | 船 | 船 | 船 |

 확장 문장 쓰기

그는 작년에 유원지에 한 번 갔어.

_____

나는 배를 세 번 탔어.

_____

 정답　他去年去了一次游乐场。／ 我坐了三次船。

1	牛仔裤 niúzǎikù 청바지	牛仔裤	牛仔裤		
2	连衣裙 liányīqún 원피스	连衣裙	连衣裙		
3	毛衣 máoyī 스웨터	毛衣	毛衣		
4	耳环 ěrhuán 귀걸이	耳环	耳环		
5	项链 xiàngliàn 목걸이	项链	项链		
6	手链 shǒuliàn 팔찌	手链	手链		
7	腰带 yāodài 벨트	腰带	腰带		
8	领带 lǐngdài 넥타이	领带	领带		
9	衬衫 chènshān 셔츠	衬衫	衬衫		
10	西装 xīzhuāng 양복	西装	西装		
11	手表 shǒubiǎo 손목시계	手表	手表		
12	帽子 màozi 모자	帽子	帽子		

1 대화의 내용이 알맞도록 문장을 연결해보세요.

	A			B
(1)	那个手机太漂亮了。	·	·	我约朋友了。
(2)	那个卖得太便宜了。	·	·	你想要那个吗?
(3)	你走得真快，有急事吗?	·	·	你想要哪个手机?

2 다음 문장을 중국어로 완성하세요.

(1) 그는 지난주에 옷을 한 번 세탁했어.

➡ _____

(2) 나는 돈을 그다지 많이 벌지 않아.

➡ _____

3 알맞은 어순으로 문장을 완성하세요.

(1) 已经 ｜ 了 ｜ 三次 ｜ 来 ｜ 电话 ｜ 他　 그가 벌써 전화를 세 번 해왔어.

➡ _____

(2) 你 ｜ 要 ｜ 吗 ｜ 想 ｜ 那个　 너 저거 갖고 싶어?

➡ _____

 정답 **1.** (1) **A:** 那个手机太漂亮了。 **B:** 你想要哪个手机? (2) **A:** 那个卖得太便宜了。 **B:** 你想要那个吗?
(3) **A:** 你走得真快，有急事吗? **B:** 我约朋友了。
2. (1) 他上周洗了一次衣服。 (2) 我挣得不太多。 **3.** (1) 他已经来了三次电话。 (2) 你想要那个吗?

喂，我们一起玩儿吧!

Wéi, wǒmen yìqǐ wánr ba!

여보세요, 우리 같이 놀자!

✦ ✓ 부사 '**一起**': 동사 앞에서 '함께, 같이'의 뜻

문장 쓰기

喂，我们一起玩儿吧!

Wéi, wǒmen yìqǐ wánr ba!

喂，我们一起玩儿吧！

확장 단어 쓰기

爬山 páshān 图 등산하다	爬山	爬山	爬山	爬山
度假村 dùjiàcūn 圐 리조트	度假村	度假村	度假村	度假村

확장 문장 쓰기

우리 같이 등산하자!

_____

우리 같이 리조트 가자!

_____

 정답 我们一起爬山吧! / 我们一起去度假村吧!

我感冒了，不想<mark>出去</mark>。

Wǒ gǎnmào le, bù xiǎng chūqù.

나는 감기에 걸렸어, 나가고 싶지 않아.

> ✓ **방향보어(方向补语):** 화자로부터 행위자(주어)가 가까워지거나 멀어지는 등의 방향에 대해 보충할 때 사용 ➡ **방향보어 문장의 형태:** 동사+방향보어 '来/去'

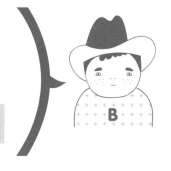

문장 쓰기

我感冒了，不想出去。

Wǒ gǎnmào le, bù xiǎng chūqù.

我感冒了，不想出去。

확장 단어 쓰기

头疼 tóuténg 머리가 아프다	头疼	头疼	头疼	头疼
电梯 diàntī 몡 엘리베이터	电梯	电梯	电梯	电梯

확장 문장 쓰기

나 머리가 아파서 나가기 싫어.

엘리베이터가 고장 나서 나 내려가기 싫어.

🐾 **정답** 　我头疼，不想出去。/ 电梯坏了，我不想下去。

那我给你带感冒药去吧。

Nà wǒ gěi nǐ dài gǎnmàoyào qù ba.

그럼 내가 너한테 감기약을 가지고 갈게.

✔ **방향보어와 목적어의 위치:** 동사＋방향보어＋목적어 / 동사＋목적어＋방향보어
(~을 ~해오다 / ~을 해가다)

문장 쓰기

那我给你带感冒药去吧。

Nà wǒ gěi nǐ dài gǎnmàoyào qù ba.

那我给你带感冒药去吧。

확장 단어 쓰기

红酒 hóngjiǔ 몡 포도주	红酒	红酒	红酒	红酒
月饼 yuèbǐng 몡 월병	月饼	月饼	月饼	月饼

확장 문장 쓰기

내가 너한테 포도주 가지고 갈게.

내가 할머니께 월병 가지고 갈게.

 정답 我给你带红酒去吧。 / 我给奶奶带月饼去吧。

太好了，你过来陪我吧。

Tài hǎo le, nǐ guòlái péi wǒ ba.

너무 좋아! 너 와서 나랑 같이 있어 줘.

✓ 정도부사 '太'는 문장 맨 뒤에 '了'를 함께 써서 감탄의 의미
✓ 동사 '过来': 동사 '过'에 방향보어 '来'를 붙여 쓰이며 동사로 굳어짐

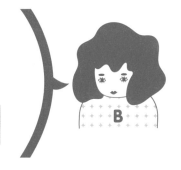

문장 쓰기

太好了，你过来陪我吧。

Tài hǎo le, nǐ guòlái péi wǒ ba.

太好了，你过来陪我吧。

확장 단어 쓰기

帮 bāng 동 돕다	帮	帮	帮	帮
婚礼 hūnlǐ 명 결혼식	婚礼	婚礼	婚礼	婚礼

확장 문장 쓰기

네가 와서 나를 도와줘.

너 와서 결혼식에 참석해줘.

 정답　你过来帮我吧。 / 你过来参加婚礼吧。

#					
1	眉毛 méimao 눈썹	眉毛	眉毛		
2	眼睛 yǎnjing 눈	眼睛	眼睛		
3	耳朵 ěrduo 귀	耳朵	耳朵		
4	鼻子 bízi 코	鼻子	鼻子		
5	脸 liǎn 얼굴	脸	脸		
6	嘴 zuǐ 입	嘴	嘴		
7	脖子 bózi 목	脖子	脖子		
8	肩膀 jiānbǎng 어깨	肩膀	肩膀		
9	胸 xiōng 가슴	胸	胸		
10	肚子 dùzi 배	肚子	肚子		
11	胳膊 gēbo 팔	胳膊	胳膊		
12	手腕 shǒuwàn 손목	手腕	手腕		

1 대화의 내용이 알맞도록 문장을 연결해보세요.

	A		B
(1)	我给你带小狗去吧。	•	• 你过来参加婚礼吧。
(2)	我们一起爬山吧!	•	• 我头疼，不想出去。
(3)	你有婚礼吗?	•	• 你过来找我吧。

2 다음에 들어갈 알맞은 문장을 넣어 회화를 완성하세요.

(1) **A** 明天是妈妈的生日吧? 내일이 엄마 생신이지?

　　B ＿＿＿＿＿＿＿＿＿＿＿＿＿＿＿＿＿＿＿。 내가 엄마에게 생일선물을 가지고 갈게.

(2) **A** ＿＿＿＿＿＿＿＿＿＿＿＿＿＿＿＿＿＿! 우리 같이 춤 추러 가자!

　　B 我拉肚子了，不想出去。 나 배가 아파서 나가기 싫어.

3 알맞은 어순으로 문장을 완성하세요.

(1) 给你 ｜ 去 ｜ 红酒 ｜ 带 ｜ 我 ｜ 吧 내가 너에게 포도주를 가지고 갈게.

　➡ ＿＿＿＿＿＿＿＿＿＿＿＿＿＿＿＿＿＿＿＿＿＿＿＿

(2) 这座山 ｜ 上去 ｜ 太 ｜ 了 ｜ 高 ｜ 不想 이 산은 너무 높아서 올라가고 싶지 않아.

　➡ ＿＿＿＿＿＿＿＿＿＿＿＿＿＿＿＿＿＿＿＿＿＿＿＿

 정답 1. (1) **A:** 我给你带小狗去吧。 **B:** 你过来找我吧。 (2) **A:** 我们一起爬山吧! **B:** 我头疼，不想出去。
(3) **A:** 你有婚礼吗? **B:** 你过来参加婚礼吧。 **2.** (1) 我给妈妈带生日礼物去吧。 (2) 我们一起去跳舞吧!
3. (1) 我给你带红酒去吧。 (2) 这座山太高了，不想上去。

你考得怎么样?

Nǐ kǎo de zěnmeyàng?

너는 시험 본 거 어때?

✓ **정도보어의 형태**: 동사 + 구조조사 '得' + 정도보어

문장 쓰기

你考得怎么样?

Nǐ kǎo de zěnmeyàng?

你考得怎么样?

확장 단어 쓰기

过 guò 동 보내다, 지내다	过	过	过	过
玩儿 wánr 동 놀다	玩儿	玩儿	玩儿	玩儿

확장 문장 쓰기

그는 잘 지내? (그는 지내는 것이 어때?)

_____

너 잘 놀았어? (너는 노는 것이 어때?)

_____

🐾 **정답** 他过得怎么样? / 你玩儿得怎么样?

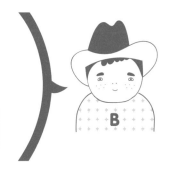

我的成绩比上次高。

Wǒ de chéngjì bǐ shàng cì gāo.

내 (현재) 성적은 지난번보다 높아.

> ✓ '比' 비교문의 형태: A 比 B 형용사 (A가 B보다 형용사하다)
> → 비교의 내용인 형용사 앞에는 정도부사 '很/非常/太'를 쓸 수 없음

 문장
쓰기

我的成绩比上次高。

Wǒ de chéngjì bǐ shàng cì gāo.

我的成绩比上次高。

 확장 단어
쓰기

水平 shuǐpíng 명 수준	水平	水平	水平	水平
压力 yālì 명 스트레스	压力	压力	压力	压力

 확장 문장
쓰기

내 수준은 지난달보다 높아.

그의 업무 스트레스는 지난달보다 커.

 정답 我的水平比上个月高。 / 他的工作压力比上个月大。

你总是比别人考得好。

Nǐ zǒngshì bǐ biérén kǎo de hǎo.

너는 언제나 다른 사람보다 (시험을) 잘 봐.

✔ **정도의 비교**: 비교급＋정도보어 (A가 B보다 (형용사)하게 (동사)하다)

문장 쓰기

你总是比别人考得好。

Nǐ zǒngshì bǐ biérén kǎo de hǎo.

你总是比别人考得好。

확장 단어 쓰기

挣 zhèng 통 (돈을) 벌다	挣	挣	挣	挣
穿 chuān 통 입다	穿	穿	穿	穿

확장 문장 쓰기

나는 지난달보다 벌이가 적어.

그녀가 어제보다 옷을 더 예쁘게 입었어.

 정답 我比上个月挣得少。 / 她比昨天穿得更好看。

羨慕吧，我是天才嘛!

Xiànmù ba, wǒ shì tiāncái ma!

부럽지~ 나는 천재잖아!

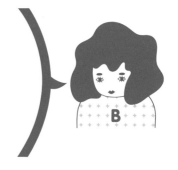

✓ 어기조사 '嘛': '~잖아' [뚜렷한 사실을 강조할 때]

문장 쓰기

羨慕吧，我是天才嘛!

Xiànmù ba, wǒ shì tiāncái ma!

羨慕吧，我是天才嘛!

확장 단어 쓰기

明星 míngxīng 몡 스타	明星	明星	明星	明星
老板 lǎobǎn 몡 주인, 사장	老板	老板	老板	老板

확장 문장 쓰기

그녀는 스타잖아! 다른 사람보다 예쁘게 입지.

나는 사장이잖아! 다른 사람보다 더 많이 벌지.

 정답 她是明星嘛! 她比别人穿得漂亮。 / 我是老板嘛! 我比别人挣得多。

1	**快乐** kuàilè 즐겁다	快乐	快乐		
2	**幸福** xìngfú 행복하다	幸福	幸福		
3	**高兴** gāoxìng 기쁘다	高兴	高兴		
4	**乐观** lèguān 낙관적이다	乐观	乐观		
5	**放心** fàngxīn 안심하다	放心	放心		
6	**讨厌** tǎoyàn 미워하다	讨厌	讨厌		
7	**生气** shēngqì 화내다	生气	生气		
8	**可惜** kěxī 아쉽다	可惜	可惜		
9	**骄傲** jiāo'ào 교만하다	骄傲	骄傲		
10	**伤心** shāngxīn 상심하다	伤心	伤心		
11	**后悔** hòuhuǐ 후회하다	后悔	后悔		
12	**失望** shīwàng 실망하다	失望	失望		

1 대화의 내용이 알맞도록 문장을 연결해보세요.

A	B
(1) 他学得怎么样?	他是老板嘛!
(2) 我的工资比他的工资低。	她是孩子嘛!
(3) 她比别人来得晚。	他学得比上个月好。

2 다음 문장을 중국어로 완성하세요.

(1) 내 업무 스트레스가 지난달보다 커.

➡ _____

(2) 그녀는 다른 사람보다 더 많이 벌어.

➡ _____

3 알맞은 어순으로 문장을 완성하세요.

(1) 我 │ 考得好 │ 比 │ 别人 │ 总是   나는 늘 다른 사람보다 시험을 잘 봐.

➡ _____

(2) 我的水平 │ 高 │ 上个月 │ 比   내 수준이 지난달보다 높아.

➡ _____

정답 **1.** (1) **A:** 他学得怎么样? **B:** 他学得比上个月好。 (2) **A:** 我的工资比他的工资低。 **B:** 他是老板嘛! (3) **A:** 她比别人来得晚。 **B:** 她是孩子嘛! **2.** (1) 我的工作压力比上个月大。 (2) 她比别人挣得多。
3. (1) 我总是比别人考得好。 (2) 我的水平比上个月高。